Bernhard Pörksen
Friedemann Schulz von Thun

Die Kunst des Miteinander-Redens

Über den Dialog in
Gesellschaft und Politik

Carl Hanser Verlag

3. Auflage 2020

ISBN 978-3-446-26590-5
© 2020 Carl Hanser Verlag GmbH & Co. KG, München
Umschlag: Anzinger und Rasp, München
Satz: Kösel Media GmbH, Krugzell
Druck und Bindung: GGP Media GmbH, Pößneck
Printed in Germany

MIX
Papier aus verantwor-
tungsvollen Quellen
FSC® C014496

Für Ingrid und Julia

Inhalt

Gesellschaft der Gleichzeitigkeiten
Über den kommunikativen Klimawandel – ein Vorwort von Bernhard Pörksen

Person und Situation 9
Wandel der Öffentlichkeit 13
Die Grammatik der Digitalisierung 16
Verstörungseffekte der Vernetzung 21
Sehnsucht nach Stille 27
Triggerwarnungen, Safe Spaces und politische Korrektheit 31
Wertschätzung und Respekt 37
Zwischenreich der Kommunikation 39

I. Dynamik der Polarisierung

Wie man sein Gegenüber garantiert kränkt 43
Die Technik der rückwirkenden Generalisierung 46
Wirklichkeit erster und zweiter Ordnung 50
Die Stuhlkreisgefahr oder vom Nutzen der Zuspitzung 54
Die Mechanik der Abwertung und das Diffamierungsquadrat 60
Das Gesetz der vertikalen Gegenläufigkeit 70
Die Wärme des Witzes 73

II. Möglichkeiten und Grenzen des Dialogs

Primat der Stimmigkeit 83
Dialektik von Abgrenzung und Annäherung 88
Stufen der Selbstklärung 97
Talk als Show 104
Dilemma versus Problem 108
Ausgang aus der selbst verschuldeten Ruhelosigkeit 116

III. Transparenz und Skandal

Sichtbarkeit heißt Verwundbarkeit 126
Das Smartphone als indiskrete Technologie 130
Eubulides und das Problem der Zeitdiagnostik 134
Souveränität höherer Ordnung 140
Vom Umgang mit Fehlern 147
Das Kommunikationsquadrat in der Krisenkommunikation 151
Die Entschuldigungs-Paradoxie 159
Abschied vom Rezeptdenken 164

IV. Desinformation und Manipulation

Kult der Pseudo-Skepsis 166
Die Lüge als Programm 169
Kritik des Konstruktivismus 175
Das Prinzip der Negativ-Würdigung 183
Deregulierung des Wahrheitsmarktes 188
Sinnenkreis und Handlungskreis 193
Axiome für Demokraten 198

Navigationskunst im Dilemma

Ehrlichkeit und Diplomatie, Achtung und Ächtung, Authentizität
und Kalkül – ein Nachwort von Friedemann Schulz von Thun 204

Ausgewählte Literaturhinweise 215

Anmerkungen 218

Gesellschaft der Gleichzeitigkeiten

Über den kommunikativen Klimawandel –
ein Vorwort von Bernhard Pörksen

Person und Situation

Wo liegen die Ursachen für die große Gereiztheit, für die Sofort-Eskalation öffentlicher Debatten, für den Hass und die Wut, die das Kommunikationsklima der Gegenwart zu ruinieren drohen? Es gibt, um die Gefährdung von Gespräch und Diskurs zu erklären, prinzipiell zwei Möglichkeiten. Man kann auf der Suche nach den Ursachen zum Monokausalisten werden oder aber über Situationen, Konstellationen und systemische Bedingungen reden, also das Zusammenspiel unterschiedlichster Faktoren analysieren.[1] Welche Perspektive wird in diesem Buch gewählt? Als der Sozialpsychologe Philip Zimbardo, ein international anerkannter Experte für die Entstehungsbedingungen von Folter, einmal gebeten wurde, die Grausamkeiten im irakischen Gefängnis von Abu Ghraib zu ergründen und bei einem Prozess gegen einen der Haupttäter als Gutachter aufzutreten, geriet er in Rage. Er reagierte voller Zorn auf die Behauptung von George W. Bush, man habe es hier einfach mit ein paar »faulen Äpfeln« (»some bad apples«) zu tun. Man müsse, so Bush, nur ein paar schreckliche Charaktere loswerden und die folternden Soldaten bestrafen, dann werde alles besser. Nein, sagte Zimbardo, nicht die Äpfel seien faul, sondern das ganze Feld. Es sei eine *toxische Situation* entstanden, die die Enthemmung begünstigt und befördert und damit den Schrecken erst ermöglicht habe. Es ginge nicht um die einzelne Person, sondern um das System selbst.

Heute, in einer Zeit der spürbaren Diskursverwilderung, stehen sich die Vertreter der Theorie der faulen Äpfel und die Vertreter der Theorie des faulen Feldes wieder gegenüber und erklären einander, wen man aus welchen Gründen schuldig sprechen muss, wen man haftbar machen kann und was sich gerade in der Tiefenstruktur ganzer Gesellschaften vollzieht. Die Anwälte der großformatigen, oft dystopischen Situations- und Systemanalyse verkünden in ihren Zeitdiagnosen das Ende der liberalen Demokratie. Sie analysieren die Effekte der Globalisierung, der Digitalisierung und der populistischen Politisierung. Das Verlöschen von Respekt und Rationalität in öffentlichen Debatten stünde unmittelbar bevor, so schreiben sie, und der Tod der Wahrheit sei nah, weil die Lügner so offensichtlich ungeschoren mit ihren Tricks und frei erfundenen Propaganda-Stories durchkämen. Die Vertreter der isolierten Betrachtung bieten stets monokausal angelegte Antworten an. Sie wollen die Schuldfrage durch die Fokussierung auf die eine Ursache und den einen Akteur lösen. Mal unterstellt man einer einzelnen skrupellosen Person (z. B. Donald Trump), mal einem einzelnen polarisierungsanfälligen Medium (z. B. dem Netz), mal einem einzelnen spektakelaffinen Genre oder Format (z. B. der Talkshow) die Kraft der Diskurszerstörung und kritisiert und attackiert entsprechend heftig.

Vermutlich muss man, so die in diesem Buch entfaltete Annahme, im Bemühen um ein gerechtes Bild die Perspektiven kombinieren, die Sichtweisen verbinden, sich vom Entweder-oder der Herangehensweisen verabschieden, also von Äpfeln *und* Feldern sprechen, Personen *und* Situationen analysieren und studieren, ohne dabei in eine apokalyptische Eskalationsrhetorik zu verfallen und in einem düsteren Hegelianismus den Niedergang zu beschwören, der zwangsläufig und mit unbedingter Gewalt über die Menschheit kommt. Nötig ist auf dem Weg zu einer komplexeren, nuancenreichen Betrachtung der Abschied von der einen Ursache, die scheinbar linear und unvermeidlich die eine Wirkung erzeugt. Nötig ist, zumal wenn es um die Realität und die Ethik des öffentlichen Miteinander-Redens geht, der doppelte Blick, der auf den Einzelnen und das Gefüge der Bedingungen schaut, seine Autonomie *und* seine Abhängigkeit, seine Freiheit *und* seine Geprägtheit zu verstehen sucht. Denn ohne eine Idee von Freiheit ist ein Plädoyer für eine andere Ethik sinnlos. Ohne die Unterstellung der Entscheidungsfähigkeit des Einzelnen und einer gewissen Autonomie braucht man das Ideal des Miteinander-Redens und des doch einigermaßen respektvollen Miteinander-Streitens, um das es uns hier geht, gar nicht erst zu beschwören. Ethik setzt Freiheit voraus, muss sie voraussetzen. Wie könnte man sonst, ohne Alternative und ohne Wahlmöglichkeit, anders, vielleicht freundlicher, gelassener oder großzügiger reden oder handeln? Und gleichzeitig darf man in der Beschreibung einer anderen Form des Miteinander-Redens und -Streitens auch nicht in eine kontextblinde Glorifizierung des Einzelnen verfallen, der in geradliniger Konsequenz umsetzt, was er gerade will. Denn dann würde man übersehen, in welchem Maße einzelne Menschen nicht einfach nur unbeschränkt Täter, Akteure und damit individuell verantwortlich sind, sondern stets beides: autonom und abhängig, entscheidungsmächtig und von äußeren Umständen geprägt.

Was sieht man, wenn man im Prozess der Kommunikationsanalyse die persönliche Verantwortung mit der systemischen Betrachtung kombiniert? Was vermag man zu erkennen, wenn man, wie dies in diesem Buch vorgeschlagen wird, Autonomie und Abhängigkeit, ein fraglos idealistisches Plädoyer für das Miteinander-Reden und eine möglichst realistische Betrachtung der Bedingungen öffentlicher Debatten in dialektischer Weise aufeinander bezieht? Die Antwort: Man erkennt das Wechselspiel von Individuum und System, von Person und Situation, vermag das Ineinandergreifen der Effekte zu verstehen, die das Kommunikationsklima verändern, ohne die persönliche Verantwortung des Einzelnen zu leugnen, der sich mal freundlich, mal boshaft artikuliert.

Natürlich, ein Donald Trump, der Behinderte verspottet, Frauen, die er nicht mag oder die ihn kritisieren, als *Schlampen* und *fette Schweine* und Mexikaner als *Vergewaltiger* tituliert, der auf Twitter mit der Größe »seiner« Atomsprengköpfe prahlt und der durchschnittlich gut achtmal pro Tag die Unwahrheit sagt, ist in seiner Skrupellosigkeit ungewöhnlich, ja einzigartig. Aber wie ist der Aufstieg des Immobilienmilliardärs, der noch vor ein paar Jahren als Exzentriker durch sein Urhabitat – amerikanische Wrestlingshows und Reality-TV-Sendungen – marodierte, zum mächtigsten Mann der Welt zu erklären? Wie gelingt es ihm, öffentliche Aufmerksamkeit zu kannibalisieren, mit seinen vulgär-pöbelnden Tweets die Nachrichtenagenda rund um die Welt zu bestimmen, sich auf der Bewusstseinsbühne der Menschheit derart ungehindert breitzumachen? Und warum hält er sich – allen Enthüllungen zum Trotz – im Amt, kann ihm kein Skandal, kein rassistischer Ausfall und keine sexistische Attacke etwas anhaben? Wer so fragt, der muss die situativen und systemischen Bedingungen seines Erfolges studieren, die Veränderungen des Mediensystems und die Grammatik der digitalen Kommunikation sichtbar machen, die Donald Trump für sich zu nutzen versteht. Und deutlich wird dann: Nicht einmal er, die Verkörperung des pöbelnden Populisten, verändert das Kommunikationsklima im Alleingang. Er profitiert vielmehr von einer radikal veränderten Medienwelt und ist der Gewinner eines Dramas, das lange vor seiner Präsidentschaft begonnen hat und das sich in unterschiedlichen, eng miteinander verwobenen Entwicklungen entfaltet.

Wandel der Öffentlichkeit

Ganz konkret und im Sinne einer exemplarischen Illustration: Von 1970 bis 2016 (dann endet die Statistik) sind in den USA 500 Zeitungen eingestellt worden, viele andere haben ihre Berichterstattung zurückgefahren, Redaktionen fusioniert, Mitarbeiter entlassen, sich von der gedruckten Ausgabe verabschiedet.[2] Ihr Kernproblem besteht darin, dass sich publizistische Qualität immer schwieriger finanzieren lässt, weil die Anzeigenmärkte ins Internet abwandern. Das Publikum hat sich an die Gratis-Verfügbarkeit von Informationen gewöhnt und akzeptiert Paid-Content-Modelle nach wie vor nur sehr zögerlich. Von dieser Dynamik werden längst auch journalistische Medien in Deutschland und Europa erfasst, auch wenn sich die Situation in den USA (hier fehlt ein starker öffentlich-rechtlicher Rundfunk) noch extremer und düsterer darstellt. Hier haben sich längst sogenannte *news deserts* gebildet, Sphären im öffentlichen Raum, in denen es keine unabhängige journalistische Berichterstattung mehr gibt. »Wir sind«, so bilanziert der einstige *Guardian*-Chefredakteur Alan Rusbridger die Entwicklung, »das erste Mal in der jüngeren Geschichte mit der Möglichkeit konfrontiert, dass Gesellschaften ohne verlässliche Nachrichten auskommen müssen.«[3] Insbesondere die Lokalzeitungen haben – gezwungen durch die veränderten ökonomischen Rahmenbedingungen – ihr Angebot zurückgefahren. Es hat in den letzten Jahren auf lokaler Ebene zahllose Spar- und Entlassungswellen gegeben, die die Macht- und Einflussverhältnisse im öffentlichen Raum zu Lasten eines qualifizierten, rechercheintensiven Journalismus verändert haben. Inzwischen kommen auf einen einzelnen Journalisten in den USA durchschnittlich vier PR-Leute, die etwa 40 Prozent mehr verdienen – ein Faktum, das die Anfälligkeit des Mediensystems für Spektakelnachrichten aus der Welt des einstigen Reality-TV-Stars Donald Trump mit seinem Gespür für quotengängige Inszenierungen zweifelsohne erhöht.[4] Er ist seit Jahrzehnten ein zuverlässiger Lieferant von Skandalen und Skandälchen im Verbund mit dröhnend formulierten Soundbites, die für Resonanz sorgen. Schon in der Wahlkampfphase des Jahres 2016 stiegen die Einschaltquoten der Talkshows um bis zu 170 Prozent, wenn er auf Sendung ging. Dies veranlasste den einstigen CBS-CEO Leslie Moonves in einem Moment der Offenheit zu der Bemerkung, der Mann sei womöglich schlecht für Amerika, aber gewiss »verdammt gut für CBS«. Hier werden – in reiner, nackter Form – das Geschäft auf Gegenseitigkeit von Populisten und Talkshowmachern bzw. den Vertretern des Spektakelfernsehens und die systemischen Bedingungen des Diskursruins offenbar. Der eine will öffentliche Aufmerksamkeit, will möglichst kostenfrei Sendezeit zur Verbreitung eigener Botschaften akquirieren, der andere, der Fernsehmacher, braucht die Figur des schillernden Provokateurs und des Anti-Korrekten als Quotenbringer und Aufmerksamkeitsgarant. Und beide glorifizieren das Extrem. Sie wollen das Konfliktspektakel und agieren in verstörender Symbiose mit unterschiedlichen Interessen, aber doch gemeinsamer Wirkung. Aggressivität gegen Publizität, Pöbelei gegen Plattform, Schmutz gegen Sendezeit – das sind die Tauschformeln, die hier wirksam werden und das Miteinander-Reden zu einem Aufeinander-Einbrüllen eskalieren lassen, längst nicht nur in den USA, längst nicht nur im Format der Talkshows.

Überdies wächst in vielen westlichen Ländern Misstrauen gegenüber den Medien, auch dies ist Ursache und Treiber des kommunikativen Klimawandels. Wenn Journalisten und etablierte Medienmacher an Akzeptanz verlieren und die Lügenpresse-Schreie lauter werden, dann wird die Grundlage ihrer Arbeit angegriffen, und es beginnt die Zeit des großen Verdachts und der informationellen Verunsicherung. Mehr als die Hälfte der Deutschen glaubt, so belegen es aktuelle Befragungen, dass sie verfälschten Nachrichten ausgesetzt werde, ein Drittel findet, man könne die unwahren Informationen nur sehr schwer erkennen. In Frankreich sind sich 80 Prozent der Bürgerinnen und Bürger sicher, dass man sie mit Falschmeldungen konfrontiert, in Großbritannien 75 Prozent.[5] In den USA, aber beispielsweise auch in Ungarn, Polen, in Österreich, ansatzweise auch in Deutschland, bilden sich seit etlichen Jahren neue Bündnisse und Koalitionen von politischem Führungspersonal und medienverdrossener Gegenöffentlichkeit. Eine auf Demontage zielende Medienkritik wird dann von oben und von den Rändern, von der Regierungsbank und von der Straße her artikuliert. Man denke nur – erneut – an Donald Trump, der amerikanische Journalisten regelhaft als *Volksverräter* angreift. Man denke an den zurückgetretenen österreichischen Vizekanzler Heinz-Christian Strache, der in seiner Amtszeit die Angriffe auf den öffentlich-rechtlichen Rundfunk intensivierte und in einem verdeckt aufgenommenen Video die Fantasie äußerte, die *Krone*, die größte Boulevardzeitung des Landes, über Strohmänner zu kaufen und missliebige Journalisten zu feuern. Man denke an AfD-Politiker, die in Dresden und anderswo vor Demonstranten *Lügenpresse* brüllen und vor *Systemmedien* warnen. Die Kritik der Pauschalkritik sollte, nebenbei gesagt, nicht als eine Art Freispruch für den real existierenden Journalismus verstanden werden. Der Negativismus der Nachrichten, der die populistischen Narrative des Niedergangs stützt, das Interesse an substanzfreien Inszenierungen und einem sinnlosen, den Zynismus beförderndem Konfliktspektakel (Politik als bloßer Machtkampf ohne Inhalt und ohne Ethos) – all dies sind Denk- und Darstellungsformen, die Kritik verdienen.[6] Aber es ist eben doch ein Unterschied, ob man kritisiert, um zu *verbessern* oder aber um zu *vernichten* und um eine unabhängige Instanz der Gesellschaftsbeobachtung zu zerstören, wie dies Populisten in vielen westlichen Ländern versuchen.

Die Grammatik der Digitalisierung

Das Bemühen, die Veränderung von Debatten und Diskursen aus dem Zusammenspiel von Person und Situation zu erklären, wäre unvollständig, wenn man nicht auch noch berücksichtigt, wie gegenwärtig die Grammatik der Kommunikation umgeschrieben wird. Dies in einer Geschwindigkeit, die sich längst von den Zyklen eines menschlichen Lebens löst. Das Neue ist heute sofort da und unmittelbar im eigenen Alltag präsent. 75 Jahre benötigte das klassische Telefon nach seiner Erfindung, um von 100 Millionen Menschen genutzt zu werden. Das Mobiltelefon brauchte dafür nur 16 Jahre, Facebook 4,4 Jahre, WhatsApp und Instagram gerade einmal 2,2 Jahre.[7] Das Innovationstempo ist also selbst ein Treiber des kommunikativen Klimawandels, weil sich die disruptiven Veränderungen so rasch vollziehen und die neue Medienwelt mit großer Wucht und Geschwindigkeit auf den Menschen prallt, der im

Gehäuse von Tradition und Evolution unvermeidlich behäbig reagiert. Mit Twitter, Facebook und YouTube, mit Instagram, Snapchat und WhatsApp ändern sich die Symbole, mit denen wir uns austauschen, die Inhalte, über die wir sprechen; und auch das Wesen von Gemeinschaften, also die Arena, in denen sich Gedanken und Debatten überhaupt entfalten könnten, wird eine andere.[8] An die Stelle der Mediendemokratie alten Typs, die sich um klar identifizierbare publizistische Machtzentren gruppierte, tritt allmählich die Empörungsdemokratie des digitalen Zeitalters. Heute ist jeder – potenziell – ein Sender, kann sich mit seinem Smartphone zuschalten, seine Ideen und Empörungsangebote barrierefrei einem Publikum unterbreiten, das dann womöglich selbst aktiv wird. Die Folge ist, dass die klassischen Gatekeeper in Gestalt von Journalistinnen und Journalisten, die gerade noch am Tor zur öffentlichen Welt darüber befinden konnten, was als interessant und relevant zu gelten hatte, an Autorität und Deutungsmacht verlieren. Sie lassen sich umgehen, mal mit guten und mal mit schlechten Gründen kritisieren und attackieren. Kommunikation verstreut sich. Sie wird schneller, offener, unberechenbarer. Eher statische *Kollektive* (Gruppen und Organisationen mit klaren Innen-außen-Grenzen) verwandeln sich in vergleichsweise flüchtige *Konnektive*. Es sind leicht zugängliche, prinzipiell offene Ad-hoc-Gemeinschaften mit stark individualistischer Note, die sich um ein Hashtag gruppieren und digital und vernetzt kommunizieren.

Aber was heißt das überhaupt? Wie verändern Digitalisierung und Vernetzung die Architektur der Kommunikation? Zum einen werden Daten und Dokumente aller Art im Vergleich zu dem behäbigen, statischeren Medium des Gedruckten offensichtlich in einen anderen Aggregatzustand der Leichtigkeit und Beweglichkeit hineinkatapultiert. Man kann sie ohne größeren Aufwand teilen, kombinieren, immer wieder aktualisieren, blitzschnell versenden, in immer neue Kontexte transferieren. Die Folge ist, dass die Unterscheidungen der klassischen Medienwelt und der analogen Sphäre (z. B. nah und fern, privat und öffentlich, Emotion und Information, Peripherie und Zentrum, aber auch wahr und falsch) schwächer und unschärfer werden, sich Sprach- und Kommunikationsstile leichter mischen und in neuen Formen und Varianten zeigen. Zum anderen wird es unter digitalen Bedingungen möglich, in Echtzeit zu beobachten, was Menschen tatsächlich interessiert und fasziniert. Das gesamte Netz ist, so der Publizist John Battelle, eine gigantische *Datenbank der Intentionen und Faszinationen* – ein einziger, riesenhafter Pool feinkörnig auslesbarer Interessen.[9] Man kann sehr genau sehen, wie gut emotionalisierende Geschichten funktionieren, wie gut die Story von den Jugendlichen ankommt, die nach einem Höhlen-Tauchgang in Thailand verzweifelt auf ihre Retter warten, und wie häufig der Bericht über eine seltsame Tierfreundschaft (sibirischer Tiger kuschelt mit Ziege!) geklickt, gelikt und geteilt wird. Damit entsteht in der digitalen Öffentlichkeit ein neuartiger Quotendruck und ein Anreizsystem zur Verbreitung des bloß Populären, des Emotionalen und des Extremen. Jetzt kann man in Echtzeit nachvollziehen, ob eine Geschichte funktioniert oder, wie man dann sagt, *performt*. Es gibt längst eine eigene, weltweit vernetzte Emotions- und Erregungsindustrie, die präzise registriert und dann systematisch verstärkt, was gerade ankommt; man tut hier nichts anderes, als spektakuläre Stories, kuriose Videos und mitunter auch frei erfundene Geschichten zu recyclen, frei nach dem Motto: Relevant ist, was interessiert. Der Hype und das Spektakel werden so immer dominanter.

Und schließlich gilt: Das Netzmedium kommt der allgemeinen Bestätigungssehnsucht des Menschen sehr weit entgegen und erlaubt die Stabilisierung obskurer, eben noch marginalisierter Positionen. Schon die Möglichkeit der Entbündelung und »Vereinzelung« von Information begünstigt im Gegensatz zum fest geschnürten Materialpaket des Gedruckten, das die Überraschung und die Irritation in stärkerer Weise programmiert, die Konstruktion von Wunschwirklichkeiten durch den Empfänger. Mit nur ein paar Klicks kann man sich in sein eigenes Selbstbestätigungsmilieu hineingoogeln, ohne größeren Aufwand und ohne die Reibung mit der Agenda der Allgemeinheit eigene Experten, eigene Medien und Plattformen ausfindig machen und Gleichgesinnte und ideologisch verwandte Stämme entdecken – vom politischen Extremisten bis hin zum Impfgegner. Weitgehend intransparente Prozesse der Informationsfilterung, dies zeigen aktuelle Studien zu den Wirkungen von Empfehlungsalgorithmen der Plattformen, verschärfen die Segmentierung und Polarisierung. Sie locken den Einzelnen in einen Tunnel der Selbstradikalisierung, lassen eine extreme, vielleicht vollkommen randständige Position als eine von vielen geteilte Auffassung erscheinen. In solchen Informations- und Kommunikationsumgebungen entstehen Mehrheitsillusionen. Hier schwindet die regulative Macht sozialer Tabus. Die natürliche Isolationsfurcht des Menschen nimmt ab, und der Einzelne, der sich durch den Beifall und die Zustimmung aufputschen lässt, äußert sich im Kommunikationskosmos eines gefühlten Mainstreams immer drängender und aggressiver, befeuert von den Likes und den Kommentaren derjenigen, die ähnlich denken und fühlen. Gerade noch verfemte und stigmatisierte Redeweisen erscheinen im Zerrspiegel der unendlichen, so leichthändig möglichen Vervielfältigung und in den Katakomben und Echokammern des Netzes mit einem Mal als gewöhnliche und weithin akzeptabel wirkende Äußerungen. Die Grenzen des Sagbaren verschieben sich, das ist die Folge, in Richtung einer Normalisierung des Extrems, einfach weil man im eigenen Selbstbestätigungsmilieu so viel Zuspruch und Sympathie erfährt und dann zu dem Irrglauben gelangt: Es ist schon in Ordnung, was da so gepostet und publiziert wird.

Bedeutet dies nun, wie es in populären Medienanalysen heißt, dass die Gesellschaft in *Filterblasen* zerfällt, mithin als eine Ansammlung von abgeschlossenen Mini-Welten und einsam und unverbunden vor sich hin blubbernden Realitätsinseln gedacht werden muss? Funktioniert Kommunikation heute also primär im Modus der Abschottung und der Isolation? Sehen wir im Netz – eben aufgrund der Empfehlungsalgorithmen, die uns fesseln und zur immer perfekteren Auswertung unserer Datenspuren auf der Plattform halten wollen – nur noch das, was unsere eigene Meinung und Weltsicht bestätigt? Müssen wir also, um das Miteinander-Reden unter digitalen Kommunikationsbedingungen zu verbessern, endlich raus aus unserer Filterblase? Gilt es, mit Trump-Anhängern, Brexit-Befürwortern und Pegida-Freunden zu reden, sich mit FPÖ-Politikern und Orban-Verteidigern zu streiten, die Abgeordneten der AfD und die alten und neuen Rechten in Gespräche zu verwickeln? Die Antwort lautet: Es ist in einer liberalen Demokratie unbedingt geboten, mit Andersdenkenden zu sprechen, allerdings nicht immer und unter allen Umständen. Es gilt, auch das wird deutlich, ihre Ideen und Vorstellungen erst einmal zu verstehen und je nach Situation und eigener Rolle das Wagnis des kommunikativen Brückenbaus einzugehen. Selbst wenn man entschieden anderer Auffassung ist und vielleicht und gerade dann. An die Stelle des Wahrheitsdisputs tritt also die Anstrengung des Verstehens. Nicht die Widerlegung ist das erste Ziel des Miteinander-Redens, sondern das Erkennen des Anderen in seiner Andersartigkeit, vielleicht auch Fremdheit.

Verstörungseffekte der Vernetzung

Nur: Das Denkbild der Filterblase, das inzwischen den Smalltalk der Gesellschaftsanalyse regiert und so viele Debatten über den Zustand der Debatte bestimmt, ist falsch und irreführend – und zwar gleich aus drei Gründen.[10] Die Idee der extremen Isolation widerspricht, erstens, unserer alltäglichen Informationserfahrung. Wer surft, in Blogs und Foren unterwegs ist, Newsletter und Push-Nachrichten zugeschickt bekommt, der bemerkt: Das Wesen des Netzes ist die Verlinkung. Und jeder Link ist – potenziell – ein Ticket in ein anderes Wirklichkeitsuniversum. Man muss nur draufklicken, und schon ist man da. Zweitens widerspricht die Filterblasen-Idee den seit den 70er-Jahren bekannten Einsichten der Netzwerktheorie, die besagen: Je besser man sich kennt, desto erwartbarer ist das, was man vom anderen erfährt. Schwache Verbindungen und lockere Beziehungen (sogenannte *weak ties* im Sinne der Netzwerk-Soziologie) sind deshalb so nützlich, weil sie einen mit unterschiedlichen, unbekannten und gänzlich unerwarteten Informationen konfrontieren. Und das Netz ist definitiv das Beziehungsuniversum der schwachen Verbindungen. Offline haben Menschen in der Regel wenige Freunde, online jedoch womöglich sehr viele. Natürlich ist damit die algorithmische Filterung nicht ausgeschaltet, aber die Wahrscheinlichkeit, mit unterschiedlichen Informationen konfrontiert zu werden, steigt in solchen Netzwerken mit schwachen Verbindungen rasant an. Zahlreiche schwache Verbindungen (man denke nur an die mehr als 400 Facebook-Freunde, mit denen ein jugendlicher User im Durchschnitt in Verbindung steht) programmieren den Informationspluralismus, den man dann selbsttätig (auf dem Weg zu einer Echokammer der Marke Eigenbau) wieder reduzieren kann. Und drittens widerspricht die Filterblasen-Theorie den inzwischen publizierten empirischen Studien, die belegen, dass unser Informationsuniversum sehr viel vielfältiger ist als gedacht. Diese Studien zeigen auch, dass die sogenannte *Filterblase* immer auch ein Symptom unseres Informationsverhaltens darstellt, Indiz unserer eigenen Intentionen und Faszinationen. Menschen suchen, lesen und verbreiten, wovon sie ohnehin überzeugt sind und woran sie unbedingt glauben wollen.

Ganz konkret und am Beispiel der Debatte über die neue Macht der Desinformation, der hier ein eigenes Kapitel gewidmet ist: Eine wahre beziehungsweise faktisch korrekte Nachricht braucht beispielsweise auf Twitter, dem Nachrichtenkanal für jedermann, sechsmal so lang wie eine Falschbehauptung, um 1500 Nutzer zu erreichen: Das belegt eine Studie des Massachusetts Institute of Technology (MIT).[11] Falsche Informationen werden demnach zu 70 Prozent häufiger geteilt als sachlich korrekte Nachrichten. Woran liegt das? Ist der Algorithmus schuld, sind es Social Bots, also Software-Programme, die als Desinformationsschleudern taugen? Nicht unbedingt. Es sind Menschen, die Fake-News verbreiten, weil diese ihnen – als scheinbar plausible, hoch infektiöse – Aufreger dienen und weil sie bestätigen, was sie ohnehin glauben wollen. Das heißt: Die Filterblasen-Idee übersieht den menschlichen Faktor. Sie verwandelt soziale Phänomene der Selbstabschottung und das Problem der allgemein menschlichen Bestätigungssehnsucht (»confirmation bias«) in technische Manipulationsfantasien, suggeriert damit falsche Lösungswege, die eher in der Restrukturierung von Software, nicht in der diskursiven

Auseinandersetzung mit anderen Menschen zu suchen sind. Die Filterblasen-Idee macht den Algorithmus zum Angstgegner – und lässt den anderen Menschen als selbstständiges Gegenüber aus dem Blick geraten. Er erscheint im Denkbild einer solchen Theorie lediglich als das Opfer von algorithmischen Sortierspielen, die er aber leider nicht begreift.

Wenn man das Informations- und Kommunikationsgeschehen aus dieser Perspektive betrachtet, rückt die Idee der Autonomie in den Hintergrund und die arrogante Ad-hoc-Abwertung des Anderen wird wahrscheinlicher, weil dieser Andere ja gar nicht kapiert, wie sehr man ihn manipuliert hat. Das ist die Prämisse der Annäherung, der heilige Ton der Überheblichkeit. Es ist aber, so lautet eine zentrale These dieses Buches, unbedingt geboten, wenn man mit dem anderen sprechen will, von einem Minimum an Wertschätzung auszugehen. Das ist die Basis, das ist Fundament einer Kommunikation, die diesen Namen überhaupt verdient. Anders kann das Miteinander-Reden nicht funktionieren. Die Abwertung des Anderen – je umfassender, desto effektiver – ist ein absolut sicheres Rezept, um eine echte Debatte gar nicht erst entstehen zu lassen. Denn die pauschale Attacke kränkt. Sie erzeugt Ressentiments. Sie produziert Verhärtungen und ruiniert die Möglichkeiten empathischer Anteilnahme. Ebendeshalb lautet eine zentrale Empfehlung, die in den unterschiedlichen Kapiteln dieses Buches variiert wird, stets möglichst genau hinzuschauen und die diffamierende Verallgemeinerung nach Möglichkeit zu vermeiden. Wer den anderen Menschen als ein Individuum sieht und ihn nicht in einer Klischee-Schublade wegsperrt (weißer alter Mann, krimineller Flüchtling, hysterische Feministin, frustrierter Ostdeutscher et cetera), wer seine eigenen Erzählungen von der Welt mit möglichst verschiedenen Farben und einer Fülle von Nuancen gestaltet, sie komplexer und vielfältiger anlegt, der kann sein Gegenüber nicht hassen.[12] Das Gebot der Stunde lautet daher: »Du sollst nicht vorschnell generalisieren!«[13] Erst einmal abwarten. Luft holen. Das Gespräch suchen. Und die Welt in ihrem großen grummelnden Durcheinander, in ihrer Farbigkeit und in ihrer Fülle und in ihren diffus schillernden Kontrasten kommen lassen. Sie erst einmal wahrnehmen, bevor man gleich wieder selbst fabrizierte Schwarz-Weiß-Zeichnungen liefert. Bevor man Fertiginterpretationen und Großbegriffe nutzt. Bevor man zukleistert und vermeintlich erklärt (und damit kognitiv stillstellt und womöglich auf kränkende Weise etikettiert), was doch erst einmal betrachtet und begriffen werden will. Verstehen, vielleicht Verständnis entwickeln, sich fragen, ob man einverstanden ist, dann im Zweifel die Position des anderen hart kritisieren (bei gleichzeitiger Wertschätzung der Person) – das ist die Schrittfolge der Annäherung und Auseinandersetzung auf dem Weg zu einem produktiven Dialog, die Friedemann Schulz von Thun in diesem Buch vorschlägt.

Aber zurück zur Neuorganisation der Informationswelt unter vernetzten Bedingungen. Wer die hier entstehende Dynamik begreifen und die Tiefenursachen der allgemeinen Gereiztheit verstehen will, der muss die *Gleichzeitigkeit des Verschiedenen* denken, die pulsierende Simultaneität von Schließung und Öffnung, Abschottung und Konfrontation. Es gibt ohne Frage jede Menge Milieus für spezielle Gruppen und exklusiven Irrsinn, für algorithmisch verstärkte Ideen und Ideologien. Und doch sind die verschiedenen Gemeinschaften eben keineswegs komplett isoliert, sie existieren vielmehr in direkter Reibung miteinander, oft nur einen einzigen Klick voneinander entfernt. Wie aber kann man Öffnung und Schließung zusammendenken? Eine Antwort liefert der Netztheoretiker Michael Seemann.[14] Er unterscheidet positive und negative

Filtersouveränität. Positive Filtersouveränität bedeutet, dass man sich sein Weltbild frei zusammenbasteln kann, sich die Scheinbeweise zusammengoogelt, die stützen, was man ohnehin meint und eben unbedingt glauben will. Negative Filtersouveränität hieße hingegen, dass man sich auch gegen unerwünschte Irritationen abzuschotten vermag, sich völlig in den Privat-Kosmos der erwünschten Weltwahrnehmung zurückziehen kann. Und genau dies ist nicht möglich. Man kann, um Paul Watzlawick zu paraphrasieren, einmal vernetzt nicht *nicht* registrieren, was so geschieht, wer sich in den Kommentarspalten über wen aufregt, wer die eigene Position auf Twitter oder Facebook attackiert, die eigene These mit der Antithese durch einen Link verbindet. Die Möglichkeiten der informationellen und der emotionalen Isolation schwinden. Sie schwinden in Zeiten der allgegenwärtigen Smartphones, der Push-Nachrichten und der geschickt forcierten, global orchestrierten Hypes. Man kann sich zwar einigeln, aber eben gerade nicht abschotten. Die selbst konstruierte Filterblase wird immer wieder gewaltsam geöffnet, der Behaglichkeitskosmos geschleift, je mehr sich der Schwerpunkt der Bewusstseinsbildung (14–29-Jährige nutzen das Netz bereits heute knapp sechs Stunden täglich) von der analogen in die digitale Sphäre verlagert. Kurzum: Die Vernetzung der Welt begünstigt die Bewusstseinslage eines fragilen Fundamentalismus. Sie macht den *Filterclash* unvermeidlich, das Aufeinanderprallen von Paralleloffentlichkeiten und Selbstbestätigungsmilieus. Das ist nach jedem Anschlag oder Attentat erlebbar, wenn Gerüchte und Gegengerüchte eine giftig brodelnde Ursuppe der Desinformation erzeugen und die unterschiedlichsten Gruppen und Parteien das Geschehen blitzschnell zu eigenen Zwecken interpretieren, korrigiert und attackiert von der jeweiligen Gegenseite, verärgert und verstört durch die Reaktion auf die Reaktion, die die eigenen Gewissheiten angreift. Dies zeigt sich, wenn in sozialen Netzwerken in einem einzigen Gesprächsfaden die unterschiedlichsten Positionen sichtbar werden. Und das wird im Falle von Extremereignissen erlebbar, die auf der Weltbühne des Netzes zum großen Drama explodieren.

Wie damit umgehen, so fragen wir uns in diesem Buch. Was müssen wir wissen? Und was sollten wir tun? Welche Haltung erscheint – mit dem Anspruch einer engagierten Zeitgenossenschaft, aber doch im Bemühen, die eigene Anteilnahme auf eine verkraftbare Weise zu dosieren – angemessen? Was ist *wirklich* wichtig? Diese Frage ist entscheidend, weil unabweisbar ist: Vernetzung verstört. Sie pulverisiert gerade noch einigermaßen eindeutige Relevanzhierarchien eines zu Ende gehenden Medienzeitalters. Und wir sehen unter den aktuellen Kommunikationsbedingungen nicht zu wenig, sondern zu viel: Schreckliches und Schönes, Relevantes und Irrelevantes, Bilder bitterster Armut und Bilder des obszönen Reichtums, Banales und Bestialisches. Es ist ein unendlicher Strom beweglicher, leicht zu verbreitender Daten und Dokumente, vom Spaß- und Challengevideo und der Instagram-Story der Reichen und Schönen bis hin zum Augenzeugenvideo, das zeigt, wie ein Mann einen anderen in einem Stuttgarter Wohngebiet mit einem Schwert zerstückelt. Wir sehen kleine lustige GIFs mit Hundewelpen, dann das Livestreaming einer Mordserie, der in Neuseeland Dutzende von Menschen zum Opfer fallen, dann ins Obszöne spielende Nahaufnahmen einer zitternden Kanzlerin. Es sind die Gegensätze, die unabweisbar sichtbar werden. Es ist die unerträgliche Gleichzeitigkeit des Seins, die heute auf einem einzigen Kommunikationskanal erlebbar ist, der Schock des Unvereinbaren, der den Dissonanzkoller produziert, ein Bewusstsein für Ungleichheit und Ungerechtigkeit erzeugt und durch die Sofort-Konfrontation mit radikaler Unterschiedlichkeit die große Gereiztheit forciert. »Wir leben heute«, so bekommt man bei Marshall McLuhan, dem Propheten der Vernetzung, zu lesen, »im Zeitalter der Information und Kommunikation, weil elektrische Medien sofort und ständig ein totales Feld von gegenseitig sich beeinflussenden Ereignissen erzeugen, an welchen alle Menschen teilnehmen. Nun hat die Welt der öffentlichen gegenseitigen Beeinflussung die gleiche umfassende Weite des integrierenden Wechselspiels, das bisher nur für unser persönliches Nervensystem charakteristisch war.«[15]

Sehnsucht nach Stille

Also noch einmal: Wie auf die Verstörungseffekte der Vernetzung reagieren? Wie mit der Transparenz der Differenz umgehen? Manche erschrecken, bekommen Angst, fürchten sich vor der Radikalisierung der Kommunikation. Tatsächlich zeigen Befragungen: Das Bewusstsein für Hass und Häme im Netz nimmt zu, besonders stark bei jungen und daher besonders internetaffinen Menschen.[16] Und eine diffuse Polarisierungsfurcht ist nicht nur in den USA verbreitet, sondern auch hierzulande und in Europa. Mehr als jeder dritte Deutsche meint, der soziale Zusammenhalt sei gefährdet. In 27 europäischen Staaten, so eine repräsentative Studie, herrscht das Empfinden, die eigene Gesellschaft sei gespalten. Ein solches Zeit- und Lebensgefühl könnte, neben sehr viel erlebbarer Ungerechtigkeit, auch eine Reaktion auf die neue Medienerfahrung sein, auf die Transparenz der Differenz.[17] Denn permanent werden auf der Weltbühne des Netzes Polaritäten sichtbar und Kaskaden von Unterschieden in neuer Unmittelbarkeit transparent – zwischen Reichen und Armen, Religionen und

Nationen, Stadt und Land, zwischen Peripherie und Zentrum, zwischen *Anywheres* und *Somewheres*, also zwischen kosmopolitischen Globalisierungsgewinnern und milieuverhafteten Globalisierungsverlierern. Die einen sind überall zu Hause (Anywheres), besonders in den glitzernden Metropolen der Welt. Die anderen sind an einen Ort gefesselt (Somewheres), besonders in Regionen mit sterbenden Industrien und einer zerfallenden Infrastruktur.[18] Und doch sind sie alle in der digitalen Öffentlichkeit nur einen Klick voneinander entfernt, erkennen in unmittelbarer Evidenz, was andere besitzen und was sie selbst vielleicht nicht haben. Kurzum: Das Netz ist das Medium der radikalen Differenzerfahrung. Es befeuert einen Zorn, den man *information rage* nennen könnte, eine elementare Gereiztheit als Resultat der Sofort-Vergleichbarkeit von Lebensumständen.

Allerdings sind die Reaktionen auf diese direkte Konfrontation mit immer neuen Unterschieden äußerst vielfältig. Es gibt nicht nur Wütende und Gereizte, nicht nur Ängstliche und Apokalyptiker, sondern auch Aussteiger und Nostalgiker, die den Rückzug erproben. Sie wollen dem äußeren Lärm entkommen, aus den Informationsströmen der digitalen Sphäre heraustreten, sich in eine Anderswelt zurückziehen, die schöner ist und ruhiger. Bloß weg! Bloß raus! So ruft der Schriftsteller Botho Strauß in einem Manifest den »Unverbundenen« zum Zukunftsmenschen aus und wirbt für eine »Aristokratie des Beisichseins«, die es erlauben soll, geistig und mental auszusteigen, sich in »neue unzugängliche Gärten« zu flüchten und »ohne eine Regung von Zukunftsunruhe« zu leben.[19] Manche suchen die Erdung der eigenen Existenz durch die Naturbegegnung. Ihr Ziel ist die Entschleunigung, die Wiederentdeckung einer unverstellten, medienfreien Unmittelbarkeit. »Die Digitalisierung erhöht den Kommunikationslärm. Sie beseitigt nicht nur Stille, sondern auch das Haptische, das Materielle, Düfte, duftende Farben, vor allem die *Schwere der Erde*«, so liest man in einem der neueren Bücher des Philosophen Byung-Chul Han. »Human geht auf *humus*, Erde zurück. Die Erde ist unser Resonanzraum, der uns beglückt. Wenn wir die Erde verlassen, verlässt uns das Glück.«[20] Es wäre falsch, eine solche Verherrlichung der Einfachheit und die Freude an einem achtsamen, auf das Wesentliche reduzierten Leben einfach als Randphänomen zu belächeln, sie als Tick einer kleinen Gruppe von Exzentrikern abzutun, die sich avantgardistisch geben, aber von den Spießern eines heiliggesprochenen Seelenfriedens nicht mehr so richtig zu unterscheiden sind. Die Glorifizierung von Ausstieg und Idylle ist in anderer Form und Gestalt längst Mainstream. Bücher über die Mystik von Pflanzen, Bäumen und Gärten und die Schönheiten des Waldes verkaufen sich glänzend. Zeitschriften, die *Landlust* heißen, sind Auflagenwunder, die Verlagsmacher auf der Suche nach neuen Absatzmärkten elektrisieren. Solche Sehnsuchtsmagazine berichten über den Wechsel der Jahreszeiten, über dampfendes, selbst gebackenes Brot, glückliche Kinderaugen beim Laternenumzug, die intensiven Farben der Herbstblätter, das Erleben von Ruhe und Allmählichkeit in der Natur. Hotels und Restaurants rund um den Globus bieten ihren Gästen Rabatte, wenn sie ihr Smartphone, Symboltechnologie der kommunikativen Entgrenzung und des stressigen Daueralarmismus, gleich bei der Ankunft abgeben oder doch zumindest ausgeschaltet lassen. Und Digital-Detox-Workshops gibt es inzwischen nicht mehr nur in den Redwood-Wäldern rund um das Silicon Valley, sondern längst überall auf der Welt. Die Spa- und Yoga-Industrie wächst beständig. Allein der nordamerikanische Meditationsmarkt (hier liegen verlässliche Zahlen vor) macht einen Jahresumsatz von zwei Milliarden Dollar, Tendenz steigend. Die Achtsamkeitsbewegung rund um den charismatischen US-Mediziner und Molekularbiologen Jon Kabat-Zinn hat sich global verbreitet. Sie vermittelt Übungen, die geeignet sind, ein freundlicheres, entspannteres Welt- und Selbstverhältnis zu entwickeln. Allerdings wird diese von Übung und Disziplin regierte Praxis – in strikter Verkennung der buddhistisch-philosophischen Grundlagen – von manchen vor allem als ein Tool zur Bewältigung extremer Stresssituationen missverstanden. So heißt es in der Zeitschrift *Wired*, dem Zentralorgan der Tech-Jünger, schon im Jahre 2013, Kontemplation sei für die Digitalszene im Silicon Valley, die das nächste große Ding herbeisehnt, »das neue Koffein«, die Droge der Zeit. »Vergiss die früheren Leben, geschweige denn das Nirwana«, so formuliert man zwischen Reklameprosa und programmatischer Aufgeregtheit schwankend. »Meditation ist kein Anlass, um über die Vergänglichkeit der Existenz nachzudenken, sondern ein Instrument der Selbstoptimierung und der Produktivitätssteigerung.«[21] Und manche suchen die schnelle Lösung auf dem Weg zur Kontrolle des Geistes und hoffen auf die Technologie der Bewusstseinstransformation. Da überrascht es auch nicht, dass sich inzwischen eine eigene Ökonomie der Achtsamkeit herausgebildet hat, die jedes Jahr durchschnittlich um 11 Prozent wächst.[22] Allein zwischen 2015 und 2018 sind mehr als 2000 unterschiedliche Meditationsapps auf den Markt gekommen, die teilweise (wie beispielsweise die Apps *Calm* und *Headspace*) jeweils mehr als 40 Millionen Mal heruntergeladen wurden. Das Ziel ist klar: Dämpfung des äußeren und inneren Lärms, Beruhigung der Kommunikation, Ausgang und Ausbruch aus der selbst verschuldeten Ruhelosigkeit.

Wie immer man eine solche Verbindung von Gegenkultur und Computerkultur und die Kombination von Spiritualität, Weltflucht und Wellness bewertet, sie illustriert eine kollektive Entspannungssehnsucht. Und dieses Zusammenspiel von systemischen Bedingungen und individuellen Sehnsüchten macht, wenn man die Perspektive erneut weitet, die laufende Kommunikations- und Medienrevolution als einen dialektischen Prozess vorstellbar: Was immer geschieht, weckt offenkundig das Bedürfnis nach seinem Gegenteil. Trends erzeugen Gegentrends und Abwehrtendenzen, Reflexe der Korrektur und der Korrektur der Korrektur. Sie verunsichern und verstören, lösen Begeisterung oder Abwehr aus. Sie produzieren Wut und Weltflucht.

Triggerwarnungen, Safe Spaces und politische Korrektheit

Mit Hilfe dieser Denkfigur, die die Kultur- und Kommunikationsentwicklung als eine Art Pendelbewegung vorstellbar macht, werden auch manche Absurditäten erklärbar, lassen sich Übertreibungen anders einordnen. So erlaubt die dialektische Betrachtung einen anderen Blick auf die Unsitte, *Triggerwarnungen* und *Safe Spaces* einzufordern und bei Bedarf jeden falschen Zungenschlag zur *Mikroaggression* zur stilisieren.[23] Denn hier wird am speziellen Fall deutlich: Es geht in einer Welt der global zirkulierenden Daten und Dokumente auch darum, Zonen der irritationslosen Behaglichkeit und Enklaven der keimfreien Totalanständigkeit zu definieren, um dem »ständigen Konfrontationshagel« (Sascha Lobo) zu entkommen. Man kann das Bemühen, alles, was verstören und verletzen könnte, prophylaktisch zu vermeiden, z.B. auf der Website *Does the Dog Die* studieren. Hier werden Triggerwarnungen zu Tausenden von Kinofilmen, Fernsehsendungen, Videospielen und Büchern zusammengestellt und zu verschiedenen Irritationsthemen (»lebendig begraben« ... »sterbende Hunde und Katzen« ... »Clowns« ... »Spinnen« ... »Duschszenen« ... »Folter« ... »furzen und erbrechen«) gruppiert. All dies sind potenziell bedrohliche Reize, die einen traumatisierenden Flashback auslösen könnten, wie man meint. Inzwischen sind solche Versuche der Informations- und Kommunikationskontrolle als scheinwissenschaftlicher Unfug ohne empirische Basis diskreditiert, sie stellen selbst das Symptom einer Stimmung leicht depressiver, ängstlicher Verzagtheit dar, will man doch Schutzbunker des Geistes und Biotope der Hypersensibilität erschaffen, vielleicht sogar die ganze Gesellschaft in eine gigantische Behaglichkeitszone und einen riesenhaften *Safe Space* verwandeln. Das Ziel ist Abschottung, Flucht. Und offensichtlich ist: Wer vor vermeintlich gefährlichen Irritationen warnt, der tritt als selbst ernannter Sprach- und Kommunikationstherapeut in Erscheinung. Seine psychologische Expertise ist allerdings reines Vermutungswissen, selbstbewusst gelebte Anmaßung. Aktuelle Studien mit traumatisierten und nicht-traumatisierten Menschen machen klar, dass Triggerwarnungen (»Vorsicht! Der folgende Film hat kein Happy End!«) eine bereits vorhandene Ängstlichkeit verstärken und den Glauben an die eigene Resilienz schwächen können.[24] Kurzum: Triggerwarnungen sind zeitdiagnostisch aufschlussreicher Quatsch. Sie handeln von dem kontraproduktiven Versuch, den Kollaps der Kontexte durch Metakommentare abzufedern, die im Zweifel alles nur noch schlimmer machen.

Allerdings ist der Disput, der sich am Beispiel der Debatten um Triggerwarnungen, Mikroaggressionen und Safe Spaces andeutet, kommunikations- und gesellschaftspolitisch alles andere als irrelevant. Hier zeigt sich ein Werte- und Kommunikationskonflikt, der auch die Auseinandersetzung um die politische Korrektheit bestimmt. Worum geht es in dieser Auseinandersetzung, in diesem Streit? Auf der einen Seite stehen diejenigen, die entschieden für eine diskriminierungsfreie Sprache plädieren und die politisch korrekte Ausdrucksweise letztlich als ein »etwas erweitertes Höflichkeitsgebot«[25] betrachten.[26] Sie sind der Auffassung, dass es schon der menschliche Anstand befiehlt, die Demütigung und die Erniedrigung des anderen zu vermeiden, dies in dem Wissen, dass das Sprechen immer auch ein Handeln ist und dass Diskriminierungserfahrungen einen Menschen verunsichern, ihn in die Depression und die Einsamkeit hineintreiben und letztlich brechen können. Das ist eine gut begründbare, außerordentlich ehrenwerte Position. Und doch muss man konstatieren: Man kann es auch übertreiben, jeden schlechten Scherz unversöhnlich verfolgen, jedem kleinsten Indiz der Diskriminierung mit maximalem Furor nachgehen.[27] Das heißt: Das Bemühen um eine zivilisierte Achtsamkeit und eine politisch korrekte Sprache kann in Richtung einer Dauermoralisierung der Kommunikationsverhältnisse abstürzen, eine beklemmende, humorfreie Hypersensibilität befördern, die das dialektische, auch produktiv polemische Prinzip von Debatten vorschnell verloren gibt.

Auf der anderen Seite des Spektrums möglicher Positionen finden sich die Vertreter einer robusten Unbekümmertheit, die sich auf das Mantra verständigt haben: »Das wird man doch wohl noch sagen dürfen!« Und weiter: »Ein paar vielleicht etwas zotige Witze werden doch wohl noch möglich sein in diesem Land! Schließlich herrscht Meinungsfreiheit! Und nun habt euch doch nicht so!« Und auch hier gilt: Man kann es auch übertreiben. Denn Teile der Anti-Political-Correctness-Bewegung versuchen seit Jahren, das Gesamtprojekt einer achtsamen, diskriminierungssensiblen Redeweise pauschal als das Umerziehungsprogramm von *Tugendterroristen*, von *Meinungs-* und *Gesinnungsdiktatoren* und intoleranten *Gutmen-*

schen zu attackieren, die angeblich den Menschen in diesem Land den letzten Rest an Freiheit und Selbstbestimmung nehmen wollen. Das Plädoyer für Meinungs- und Redefreiheit ist hier also, das macht die Lage einigermaßen kompliziert, das Tarnvokabular eines ideologischen Ressentiments. Und es ist ein Faktum, dass das gerade noch einigermaßen harmlos und vernünftig wirkende Plädoyer für die robuste Unbekümmertheit in manchen Publikationen und Pamphleten der Anti-Political-Correctness-Bewegung selbst zur hysterischen Attacke wird, befeuert von düsteren DDR- und NS-Vergleichen, die den Willen zur Wut im Verbund mit eklatanter historischer Unkenntnis dokumentieren. Die Devise heißt dann: Wir leben doch längst in einer Diktatur! Und der Angriff auf die Meinungsfreiheit des Einzelnen trägt längst totalitäre Züge! Was dann an giftiger Häme folgt, ist oft schlicht und einfach diskriminierend – gegenüber Frauen, Politikern, Andersdenkenden und Andersaussehenden. Die mehr oder minder offen ausgelebte Verachtung des Anständigen wiederum lässt auf der anderen Seite die Empörung erst so richtig emporschießen, weil man die Provokation und das Spiel mit dem Tabu als Beleg der Menschenverachtung sieht. »Sollen wir wirklich alles sagen dürfen«, so wird dann gefragt. »Wäre ein Innenminister, der Witze über Behinderte oder Juden macht, satisfaktionsfähig? Darf ein Bundeskanzler sexistisch über Frauen reden und das Familienministerium als Gedöns abtun? Nein. Ich verstehe überhaupt nicht, was es an kommunikativen Geboten und anständigen Umgangsformen auszusetzen gibt. Auf Minderheiten herumzutrampeln, ist keine Freiheit, sondern eine Frechheit.«[28] Ein dreifacher Befund lässt sich festhalten. Zum einen kann man hier beobachten, wie ein Teufelskreis der wechselseitigen Totalabwertung in Gang kommt und am Leben erhalten wird. Zum anderen wird offenbar, dass die Art der Diskursdiagnostik selbst zum Instrument der Eskalationsrhetorik werden kann, die das Miteinander-Reden erschwert. Man produziert wechselseitig, so wie die Zeichner mittelalterlicher Ozeankarten, die jede Menge Ungeheuer und bizarre Fabelwesen in ihre Skizzen von fernen Meeren und Ländern hineinmalten, Zerrbilder der Kommunikationsrealität, entwirft Horrorgestalten und malt mit äußerst grobem Pinsel.[29] Und diese Zerrbilder tragen dann zur allgemeinen Empörung und zur Verhärtung der Fronten bei. Wie soll man denn weiter sprechen, wenn einerseits behauptet wird, das große gesellschaftliche Gespräch sei endgültig zerstört und werde allein von Nazis und Netz-Trollen dominiert, die das Gift des Hasses versprühen? Was soll man sagen, wenn man zu lesen bekommt, die Öffentlichkeit, verstanden als der geistige Lebensraum einer liberalen Demokratie, ginge gerade »in Trümmer« (Eva Menasse)? Und wie soll man weiter sprechen, wenn es andererseits in den sogenannten alternativen Medien in endlos dröhnender Wiederholung heißt, wir lebten in einer *Meinungsdiktatur* oder einer Art wiederauferstandenen *DDR*? Und man dürfe eigentlich gar nichts mehr sagen in diesem Land der Unfreiheit, was ja schon durch den eigenen, eben gerade nicht zensierten Sprechakt unmittelbar widerlegt wird. Hier sieht man: Eine solche Art der Diskursbeschreibung will die Eskalation. Sie nutzt das Horrorszenario nicht, um zu warnen, die Dringlichkeit der Gegenwehr zu demonstrieren, sondern um die Polarisierung der Gesellschaft voranzutreiben, *den Riss zu vertiefen*, wie es ein Protagonist der Neuen Rechten einmal ausgedrückt hat. Schließlich und endlich wird am Beispiel der Political-Correctness-Debatte eine *metakommunikative Polarisierung* sichtbar, streitet man sich doch nicht mehr über Inhalte, sondern über die Art und Weise des Miteinander-Redens selbst und schürt die Wut über die Wut und die Empörung über die

Empörung der jeweils anderen Seite. Diese Empörung zweiter Ordnung ist längst zum kommunikativen Normalfall geworden, und sie ist kommunikationsanalytisch und zeitdiagnostisch brisant. Denn generell lässt sich beobachten, dass Auseinandersetzungen heute sehr schnell die Meta-Ebene emporklettern und man darüber streitet, ob man überhaupt sprechen solle, ob sich das Gespräch tatsächlich lohne. Und wenn man sprechen soll: in welcher Form? Vor welchem Publikum? Aus der dialektischen Perspektive, die hier vorgeschlagen wird, ist dieses Schwinden und Abhandenkommen der eigentlichen Inhalte und Dialoganlässe verständlich. Es lässt sich als Reaktion begreifen und als Versuch verstehen, ein normatives Vakuum zu füllen, eine Unsicherheit aufzulösen, die in der Situation und den veränderten Kommunikationsbedingungen selbst liegt. Denn wenn Regeln wegfallen, gerade noch gängige Normen konstant verletzt werden und die Autorität etablierter Medienmacher schwindet, dann entsteht ein offener Raum, in dem man die Art und Weise des Miteinander-Redens immer wieder neu besprechen muss. Metakommunikation gleich welcher Art (und eben auch die hier geschilderte metakommunikative Polarisierung) ist, so gesehen, immer auch ein reaktiver Aushandlungsprozess. Man will einordnen, was sich ungleich schwerer einordnen lässt, und versucht in Zeiten verfließender Kontext- und Kommunikationsgrenzen, Pfähle und Pflöcke wieder neu zu befestigen.

Wertschätzung und Respekt

Erneut gilt es an dieser Stelle, den Blick zu weiten und zu fragen: Ergibt sich aus der bislang gelieferten Beschreibung von Alarmismus und Achtsamkeit, von Hass und Hypersensibilität schon das ganze Bild? Gewiss nicht. Denn zu einer einigermaßen umfassenden Analyse des kommunikativen Klimawandels gehört auch der Befund, dass es sehr unterschiedliche Reaktionen auf die aktuell laufende Medienrevolution gibt. Und manche Entwicklung ist nicht sinnvoll als Reaktion oder doch nicht primär als eine solche zu erklären, weil die beobachtbaren Trends und Tendenzen auf andere oder doch deutlich vielschichtigere Ursachen zurückzuführen sind. So lässt sich seit Jahren in Schulen, in Universitäten und Unternehmen beobachten, dass es ein wachsendes Interesse an Wertschätzung und flacheren Hierarchien zugunsten von Kooperation und Austausch gibt und sich private und öffentliche Kommunikationsformen zugunsten eines familiären Umgangstons mischen.[30] Die Lektüre der Ratgeberliteratur zeichnet ein hoffnungsfrohes, vom Bemühen um Authentizität, Takt, Respekt und individuelle Würdigung geprägtes Ideal; man sieht einen unmittelbaren Zusammenhang von Wertschätzung und Leistungsbereitschaft beziehungsweise Motivation, greift Impulse der Selbstorganisationsforschung auf, die den Respekt vor der Autonomie des Individuums begründbar machen und den Wechsel von hierarchischen zu heterarchischen Kommunikationsformen nahelegen. Die Führungskraft der neuen Zeit nennt sich *servant leader*, der dienende Anführer, der nicht herrschen, sondern inspirieren will. Eine solche Führungskraft ist ihrem Selbstverständnis nach nicht mehr ein unumstrittener Experte, sondern ein hochagiler Teamleiter, Inspirator und Dirigent im Gesamtkonzert, idealerweise visionär und charismatisch, aber doch auch nahbar und stets mitmenschlich engagiert, bereit zur kritischen Selbstreflexion und einem 360-Grad-Feedback.[31] Der Dialog auf Augenhöhe, das wirkliche Zuhören, die Bereitschaft zur partnerschaftlichen Anerkennung, das stete Bemühen um den »Geist« der Kooperation, der Abschied von einem statischen Autoritätsideal – all dies sind längst Ideale des Miteinander-Redens und Miteinander-Lebens am Arbeitsplatz. Eine heroische Männer- und Managermythologie, die von einsamen, sich opfernden Feldherren handelt, wird erkennbar schwächer. An die Stelle des charismatischen Patriarchen tritt allmählich – zuerst in der Welt der Wünsche, dann in der erlebbaren Wirklichkeit – der Teamplayer, der durch seine Authentizität, nicht durch seine Autorität fasziniert. Auch in der Schule geht es längst partnerschaftlich zu; auch hier wird fröhlich gekumpelt – in maximaler Distanz zu einer schwarzen Pädagogik, die Gehorsam verlangt und mit den Mitteln der Einschüchterung und Erniedrigung arbeitet. »Ich merke oft, wie gut mich selbst Zuwendung und Freundlichkeit durch meinen Schulalltag tragen«, so heißt es ganz unironisch in einem exemplarischen Bericht einer Lehrerin, die für mehr Wertschätzung in der Kommunikation plädiert und ein Buch zum Thema geschrieben hat. »Deshalb liege ich eigentlich ständig ›auf der Lauer‹, um bei meinen Schülern Dinge zu entdecken, die ich wertschätzen und würdigen kann. Das fängt beim strahlenden Lächeln an, wenn mir ein Schüler die Tür aufhält – und geht über die Würdigung der neuen Frisur bis zur regelrechten Huldigung, wenn einer sich mit oder um etwas besonders bemüht hat.«[32] Hier regiert ein familiärer, freundschaftlicher Ton, der natürlich (zumal im Vergleich zur Brutalität der Angstmacher in der Pädagogik) prinzipiell zu begrüßen ist. Allerdings besteht die Gefahr, dass eine leistungs- und lernförderliche Konfliktbereitschaft, die Wahrung von

Grenzen und professioneller Distanz bei allzu viel Harmonie und Lobhudelei flötengehen. Auch hier gilt: Man kann es auch übertreiben.

Zwischenreich der Kommunikation

Wenn man diese unterschiedlichen, so widersprüchlichen Trends und Tendenzen in der Zusammenschau betrachtet, dann wird eines klar: Wir leben, kommunikationsanalytisch betrachtet, in einer *Gesellschaft der Gleichzeitigkeiten*. Einerseits gibt es ein Übermaß an verbaler Aggression, eine Verpöbelung von Diskurs und Debatte. Andererseits kann man eine mitunter schlicht bedrückend-betuliche Empfindlichkeit und moralisierende Hypersensibilität beobachten. Und schließlich lässt sich ein echtes Bemühen um eine achtsame, wertschätzende Kommunikation diagnostizieren. Es ist eine Art Zwischenreich, ein Interregnum der Kommunikation, das hier erkennbar wird, geprägt von kollidierenden Normen und der untergründigen Neusortierung der Medien- und Machtverhältnisse. Das Miteinander-Reden ist in dieser Übergangsphase einer paradoxen Gleichzeitigkeit des Verschiedenen gleichermaßen Notwendigkeit und anspruchsvolle Kunst, wird es doch zugleich wichtiger und schwieriger; wichtiger als eine Art Medizin gegen die drohende Polarisierung der Gesellschaft, schwieriger, weil sich in den Zeiten verschwimmender Situations- und Informationsgrenzen und kollabierender Kontexte die Zahl der Adressaten vervielfältigt und sich die Erwartungen und Ansprüche eines diffusen Publikums kaum noch kalkulieren lassen. Aber was wäre die Alternative? Das Miteinander-Reden und Miteinander-Streiten ohne falsche Harmonieerwartung ist in einer Demokratie tatsächlich alternativlos;

hier passt das Schauerwort einmal. Die notwendige Übereinkunft über das, was ist, und das, was sein soll, über das Sein und das Sollen der politischen Existenz bildet sich erst im großen Gespräch der Gesellschaft über sich selbst. Wenn dieses Gespräch erlischt und durch professionelle Manipulatoren zerstört wird, wenn Desinformation und Falschnachrichten einen basalen Realitätskonsens pulverisieren, verliert eine Demokratie erst ihr inneres Leuchten und hört dann auf zu existieren. Man kann ohne falsche Übertreibung sagen: Die Art und Weise des Sprechens und Streitens ist der entscheidende Gradmesser demokratischer Vitalität. Wir bringen die Welt, in der wir leben, erst im Miteinander-Reden hervor.

Diese Überlegungen, die allesamt von der Realität und dem Ideal des Dialogs in der Gesellschaft handeln, werden in vier Kapiteln entfaltet. Der Auftakt besteht in dem Versuch, die Dynamik und Mechanik polarisierender Kommunikation zu beschreiben – von der privaten Streitigkeit bis hin zur gesellschaftlichen Auseinandersetzung rund um die Flüchtlingsdebatte. Es folgt im zweiten Kapitel *(Möglichkeiten und Grenzen des Dialogs)* eine mitunter kontroverse Auseinandersetzung mit der Frage, ob man – in einer konkreten Situation und im von strategischen Überlegungen verminten Feld des Öffentlichen – mit jedem reden kann und mit jedem reden soll. Wie spricht man mit jenen, deren Auffassungen einem womöglich ganz zuwider sind, die man aus tiefstem Herzen ablehnt, vielleicht verachtet? Und wie entdeckt man die richtige Mischung aus Annäherung und Abgrenzung, kombiniert den unbedingt nötigen Respekt vor der Person mit der ebenso gebotenen Kritik der Position? Im dritten Kapitel *(Transparenz und Skandal)* debattieren wir die Folgen der neuen Sichtbarkeit unter den aktuellen Medienbedingungen. Die Ausgangsthese: Je weiter die mediale Ausleuchtung voranschreitet, desto mehr Material findet sich, aus dem sich bei Bedarf böse Botschaften für die Attacke formen lassen. Wie kann man mit dem »Terror der Transparenz« und der Total-Dokumentierbarkeit des eigenen Redens und Handelns umgehen? Wie mit der drohenden Skandalisierung leben, dem plötzlich aufflackernden, dann wieder verschwindenden Empörungsexzess, der den Typus des Angstpolitikers erzeugt? Und grundsätzlicher: Wie lässt sich im Spannungsfeld von Wirkungskalkül und Offenheit das richtige Maß von Authentizität und professioneller Effektivität finden? Das vierte und letzte Kapitel *(Desinformation und Manipulation)* beschreibt anhand von paradigmatischen Beispielen, wie Deutungen und Meinungen in einer vernetzten, hochgradig nervösen Welt entstehen. Warum sind Extremereignisse – ein Attentat, ein Amoklauf – die große Stunde der Falschmeldungen? Wie kann man im Angesicht von Katastrophen und Leid auf eine angemessene, stimmige und situationsgerechte Weise kommunizieren? Wer erwartet, mit Fertigrezepten für alle Fälle versorgt zu werden, den wird dieses Buch enttäuschen, geht es doch primär darum, nützliche Denkmodelle und Reflexionswerkzeuge vorzustellen und durch die Verbindung von Kommunikationspsychologie und Medienanalyse (und damit von Individualpsychologie und systemischer Betrachtung) einen Beitrag zur Entgiftung öffentlicher Debatten zu leisten. Wir wollen Kategorien liefern, Kriterien der individuellen Lösungssuche präsentieren. Es ist eine Heuristik im Sinne einer Kunst des Herausfindens, die wir anbieten. Sie soll den Weg zu einer persönlich und situativ stimmigen Kommunikation ebnen, nicht mehr und nicht weniger.

Zum Schluss noch ein Wort zur dialogischen Form dieses Buches: Sie ist bewusst gewählt, also nicht nur äußere Gestalt, sondern auch inhaltliche Botschaft, Illustration eines Ideals, das uns umtreibt und inspiriert. Denn in einem Dialog beginnt, wie dies Friedemann Schulz von Thun formuliert, die Wahrheit zu zweit. Der Einspruch des Anderen ist existenziell. Und eine Ansicht, die sonst im Anschein des Allgemeinen und Absoluten stehen bliebe, lässt sich von verschiedenen Seiten aus umspielen. Man kann sich widersprechen und streiten, Klischees korrigieren, Kompromisse ausloten und im Disput und in der Debatte das Wechselspiel aus Zuwendung und Selbstbehauptung, aus empathischem Verständnis und klärender Konfrontation erproben, die das Miteinander-Reden in eine Schule der Demokratie und des guten Miteinander-Lebens verwandelt. Der Dialog ist die Form der Freiheit, die erst in der Bezogenheit zum Anderen erfahrbar wird.

I.

Dynamik der Polarisierung

Wie man sein Gegenüber
garantiert kränkt

PÖRKSEN: Vor uns auf dem Tisch liegt ein kleines Buch des Kommunikationsforschers und Ironiekünstlers Paul Watzlawick, das den Titel *Anleitung zum Unglücklichsein* trägt. Es ist ein Anti-Ratgeber von vollendeter Boshaftigkeit, eine bitterböse Parodie, die Optimierungsrezepte jeder Art lächerlich macht ...

SCHULZ VON THUN: ... und das Paradebeispiel einer paradoxen Intervention, wie Psychotherapeuten sagen würden. Man verschreibt das, was man eigentlich verhindern will, in der Hoffnung, beim Adressaten Kräfte des Widerstandes zu mobilisieren.

PÖRKSEN: Das ist der Grundgedanke, ja. Und so finden sich in diesem kleinen Buch jede Menge Tipps, wie man sich selbst nach allen Regeln der Kunst in eine Depression hineinhypnotisieren kann. Man verherrliche die Vergangenheit, um die Gegenwart abzuwerten, so schlägt Watzlawick vor. Man verfechte mit maximalem Furor die Idee, nur man selbst sei im Besitz absoluter Wahrheit, so einer seiner Ratschläge. Und niemals dürfe man die Strategie zur Lösung eines Problems wechseln, frei nach dem Motto: Mehr desselben hilft immer, komme, was da wolle! – Mein Vorschlag lautet, dass wir diesen Anti-Ratgeber als Anregung aufgreifen, um der Frage nachzugehen: Wie ließe sich eine Anleitung zur effektiven Polarisierung formulieren? Welche Tipps müsste man beherzigen, um maximal Zwietracht zu säen?

SCHULZ VON THUN: Ich warne vor zu viel Ironie und einem Übermaß an humorvoller Entspanntheit bei diesem heiklen Thema. Also gut, ich lasse mich darauf ein: Es gilt zunächst, eine einzige Grundüberzeugung tief zu verinnerlichen, die da heißt: »Ich bin das Ideal – und du bist der Skandal!« Das Gegenüber in seiner ganzen Erbärmlichkeit und sich selbst hingegen als Wunderwerk der Erleuchtung zu präsentieren, das wäre die erste Aufgabe.

PÖRKSEN: Das Fertigrezept zur effektiven Polarisierung, das man – ganz unironisch – empfehlen kann, heißt also: »Praktiziere die maximale Abwertung des anderen bei gleichzeitiger Glorifizierung der eigenen Person und Position« …

SCHULZ VON THUN: … und dazu ist ein hohes moralisches Podest nötig, auf dem ich mich selbst platziere, um meinen eigenen Standpunkt im Glanz der Humanität erscheinen zu lassen. Ich sonne mich im Wertehimmel, während ich den anderen im Keller der Negativität verorte. Wenn ich diese Grundüberzeugung im entsprechenden Brustton intoniere, habe ich auch rasch die entsprechenden Formulierungen parat, die den anderen entweder als dumm oder als unmoralisch oder als krank erscheinen lassen. Zum Beispiel: »Ich stehe für gesunden Menschenverstand, und du bist ein Spinner!« – »Ich bin Realist, und du bist ein verträumter Illusionist!« – »Ich bin der rechtschaffene Vertreter der Humanität, und du bist ein moralisch minderwertiger Lump!«

PÖRKSEN: Sobald man den anderen in dieser Weise diffamiert, setzt unvermeidlich ein Teufelskreis wechselseitiger Abwertung ein, eine symmetrische Eskalation, wie dies der Anthropologe Gregory Bateson einmal genannt hat: Alle Beteiligten rüsten sprachlich auf, sehen sich im Zweifel als Opfer der Attacken der jeweils anderen Seite. Und es entsteht ein Sog der Aggression, aus dem man sich nur sehr schwer wieder befreien kann, wenn überhaupt. Vielleicht starten wir mal mit einem alltäglichen Konflikt, um uns dann allmählich auf das Parkett des Politischen zu begeben. Das scheint mir als eine vielversprechende Denkbewegung – von der privaten Streitigkeit hin zur gesellschaftlichen Auseinandersetzung. Denn die Schlüsselfrage, die uns umtreibt, ist ja, ob man aus dem Studium zwischenmenschlicher Konflikte etwas für die Entgiftung öffentlicher Kommunikation lernen kann.

SCHULZ VON THUN: Einverstanden! Es gibt ein Musterbeispiel aus der privaten Welt der Kindererziehung, das ich gelegentlich in meinen Seminaren verwende. Es stammt noch aus dem Fernseh-Zeitalter. Man stelle sich folgende Situation vor: Da sind zwei kleine Kinder, die gebannt vor dem Fernseher sitzen, aber nur eine halbe Stunde schauen dürfen, das ist die Familienregel. Dann folgt der Auftritt des Vaters: »So, die halbe Stunde ist um, bitte ausschalten!« Die Kinder: »Es ist gerade so spannend, bitte lass uns noch zu Ende gucken, bitte, bitte, bitte!« Auftritt der Mutter: »Du liebe Güte, nun lass sie doch!« Der Vater: »Nein, auf keinen Fall. Dafür machen wir ja die Regeln.« Die Mutter: »Also wirklich, sei doch nicht so kleinlich!« Der Vater zu seiner Frau: »Aha, ich bin kleinlich – und dein Herz ist so groß, dass du deine Kinder vor der Glotze verblöden lässt!?«

PÖRKSEN: ... jetzt wird der Streit in der Sache allmählich zum Angriff auf den ganzen Menschen; beide reden nun nicht mehr darüber, ob es eine Ausnahme von der Fernsehregel geben darf, sondern deuten die Meinungsverschiedenheit als Symptom, als Ausdruck einer grundsätzlicheren Differenz.

SCHULZ VON THUN: Ja, und fast schon als Ausdruck eines zweifelhaften Charakters: An ihm nagt der Vorwurf der Kleinlichkeit, an ihr der Vorwurf blinder Großherzigkeit, die den Kindern einen Schaden zufügt. Die ursprünglich sachliche Meinungsverschiedenheit mündet in ein Zerwürfnis auf der Beziehungsebene, nach dem Motto: Wenn du diese Auffassung vertrittst, dann bist du für mich ein Mensch mit fragwürdigem Charakter! Und bald wird noch ein dritter Kriegsschauplatz hinzukommen, nämlich auf der kommunikativen Metaebene: Wie redest du eigentlich mit mir!?

Die Technik der rückwirkenden Generalisierung

PÖRKSEN: Wenn wir – frei nach Watzlawick und bevor Sie fortfahren – ein paar weitere Polarisierungsregeln aus dieser Mini-Szene herausdestillieren, dann könnte man diese folgendermaßen formulieren: »Verwandele die Auseinandersetzung des Moments in einen Streit um Prinzipien! Schreite energisch in Richtung kränkender Verallgemeinerungen voran! Und sei dir gewiss: Es geht nie um Kleinigkeiten, sondern immer um Grundsätzliches.« – Und nun: Wie geht es weiter vor dem Bildschirm?

SCHULZ VON THUN: Jetzt setzt das ein, was Sie mit Gregory Bateson die symmetrische Eskalation genannt haben. Beide verlassen die Sachebene, um sich umso schärfer auf der Beziehungsebene anzugreifen und dort sprachlich aufzurüsten. Nun wird die Mutter ungehalten: »Die Regeln sind ja in Ordnung, aber deswegen musst du ja nicht *mit der Stoppuhr daneben stehen*, mein Gott noch mal!« Darauf der Vater: »Wenn ich hier der Einzige bin, der die Regeln ernst nimmt, dann ist das schon schlimm genug. Aber dass ich mich nun auch noch als kleinlicher Korinthenkacker beschimpfen lassen muss ...« Die Mutter unterbricht ihn: »Aber so gebärdest du dich!« Der Vater: »Also, dein Ton ist wirklich unter allem Niveau. Ich habe keine Lust, für die Kinder immer der Buhmann zu sein, während du Beliebtheitspunkte sammelst ...« Die Mutter unterbricht ihn erneut: »Das mit den Beliebtheitspunkten kannst du dir wirklich sonst wo hinschieben. Das ist nun wirklich infam, mein Lieber, und alles andere als sachlich!« Er entgegnet erbost: »Ein sachliches Argument habe ich bis jetzt noch gar nicht vernommen!« Sie: »Dann musst du besser zuhören!« Er: »Und du musst lernen, andere ausreden zu lassen!« Im Hintergrund machen sich nun die Kinder bemerkbar: »Psst ..., bitte seid doch nicht so laut! Man kann beim Fernsehen gar nichts verstehen!«

PÖRKSEN: Symptomatisch ist doch auch, dass der Mann sich beklagt, er sei »immer der Buhmann«. Hier wird noch eine weitere Technik der Polarisierung offenbar, die der Linguist Ernst Leisi einmal die *rückwirkende Generalisierung* genannt hat. Im Streit werden dann Sätze gesagt wie: »Immer bist du ...« – »Nie darf ich ...« – »Schon letzte Weihnachten hast du ...« Und so weiter. Die Kritik im Konkreten zielt dann auf den ganzen Menschen, wird zur Entlarvung eines Charakterdefizits und zielt auf die prinzipiell gemeinte Verdammung. Auch das verstärkt die Säuernis der Streitenden noch einmal.

SCHULZ VON THUN: Ja, eine solche Generalisierung wirkt wie ein weiterer Brandbeschleuniger. Überdies kann man am Beispiel dieser Auseinandersetzung das Wesen der Polarisierung wie unter einem Brennglas erkennen: Es ist das feindliche Auseinandertreiben gegensätzlicher Positionen, die jeweils eine Teilwahrheit oder Tugendhälfte betonen und die idealerweise einander ergänzen sollten. Natürlich könnte man argumentieren: Wunderbar, dass diese Kinder zwei Eltern haben. Wunderbar, wenn ihre Werte im Erziehungsgeschehen zusammenkämen und sich in ein komplementäres Verhältnis begeben würden. Der Vater steht hier für Regeln, für Konsequenz, für Verabredungstreue, die Mutter für situationsgemäße Flexibilität, für Großzügigkeit. Es braucht ja beides, im guten Umgang miteinander. Eine integrale Lösung könnte sein: Heute machen wir eine Ausnahme, dafür morgen Fernsehverzicht.

PÖRKSEN: Sie selbst haben mit dem Modell des Wertequadrates ein geistiges Werkzeug entwickelt und in der Kommunikationspsychologie populär gemacht, das für diese dynamische Balance wirbt und auf den Ausgleich zwischen den verschiedenen Positionen zielt. Entscheidend ist dabei der Gedanke, dass ein Wert nur dann produktiv und positiv im eigenen Leben wirken kann, wenn er in ausgehaltener Spannung zu einem komplementären Wert existiert. Für sich genommen und im Anschein des Absoluten steht jede einzelne Tugend kläglich da und taugt nicht als Maxime des eigenen Lebens, so die Annahme. Konkret: Regeltreue ohne eine Portion Großzügigkeit und ein Minimum an innerer Flexibilität ist Mist. Nur Laissez-faire und ein bequemes *Anything goes* ohne Grenzensetzung kön-

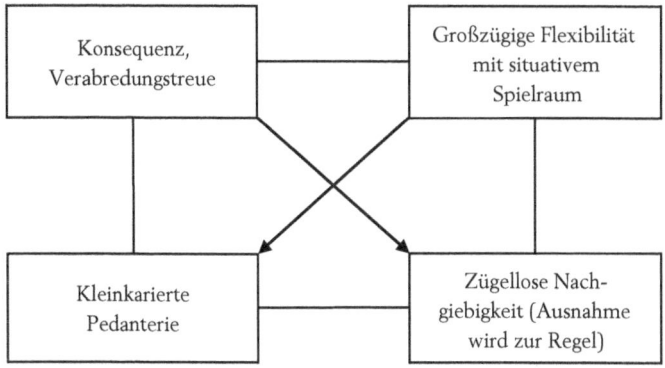

1 Das Wertequadrat zeigt oben die beiden Positiv-Werte. Die Streitenden sehen sich selbst als Vertreter eines dieser Werte, attackieren aber den Gegner als jemanden, der (infolge Überteibung) einen bedauerlichen Unwert verkörpert.

nen aber auch nicht funktionieren. Mir fällt auf, dass sich dieses Modell des Wertequadrates nicht nur benützen lässt, um die Integration unterschiedlicher Qualitäten zu veranschaulichen. Man kann es auch einsetzen, um die totale Vereinseitigung und Verbiesterung des streitenden Paares und damit die Dynamik der Polarisierung genauer zu erfassen.

SCHULZ VON THUN: Stimmt. Tatsächlich sonnen sich Vater und Mutter beide in ihrem eigenen Wertehimmel, sie verherrlichen ihre Teilwahrheiten als die einzig sinnvolle Position, werten aber die des anderen negativ ab. Er ist stolz auf seine Prinzipienfestigkeit – und attackiert sie wegen ihrer vermeintlich zügellosen Nachgiebigkeit, ihres verblödenden Laissezfaire (siehe Schaubild). Sie wiederum beschimpft ihn als Pedanten, verspottet seine Intervention als ein Musterbeispiel der Kleinlichkeit und rühmt sich gleichzeitig ihrer eigenen Großzügigkeit und Flexibilität.

PÖRKSEN: Beide fühlen sich ganz und gar im Recht.

SCHULZ VON THUN: Jawohl, und der Umstand, dass sie die Auffassung des anderen nicht in ihrer Werthaltigkeit (an)erkennen, sondern nur in der negativen Karikatur der Übertreibung wahrnehmen können (oder wollen), führt zu einer Feindseligkeit. So verstärkt sich die Gegnerschaft und vergrößert sich die Kluft zwischen verschiedenen Positionen, die doch eigentlich zusammengehören. Das heißt auch, dass man auf dem Weg zu einer maximalen Polarisierung der Kommunikationsverhältnisse die dialogische Basismaxime, dass die Wahrheit zu zweit beginnt, erst einmal gründlich vergessen muss. Die Annahme lautet vielmehr: Es gibt nur eine Wahrheit. Und diese eine Wahrheit habe ich – gottlob – erkannt, und ich muss dafür sorgen, dass sie sich gegen die verirrten Widersacher durchsetzt.

Wirklichkeit erster und zweiter Ordnung

PÖRKSEN: Auch der unbedingte Wahrheitsglaube taugt als Katalysator, um Konflikte erst so richtig hochkochen zu lassen, einen gerade noch mehr oder minder gleichberechtigten Austausch in eine Art Begradigungs- und Bekehrungsgespräch zu verwandeln, denn man weiß ja mit absoluter Gewissheit, was stimmt und tatsächlich richtig ist. Und der andere, der dies nicht kapiert, ist entweder böswillig, ideologisch verblendet, dumm oder krank. Schon Paul Watzlawick hat diesen allmählichen Übergang von der Wahrheitsgewissheit zum Unterwerfungsbedürfnis sehr genau beschrieben. »Die Idee, im Besitz der endgültigen Wahrheit zu sein, führt zunächst zu einer messianischen Haltung, die sich an den Glauben klammert, die Wahrheit werde sich *qua* Wahrheit selbst durchsetzen«, so heißt es in einem seiner Aufsätze. Wenn das nicht geschehe, entstehe der Wunsch, den anderen zu bekehren – im schlimmsten Fall auch mit Gewalt, Zwang, Unterdrückung.

SCHULZ VON THUN: Jedenfalls mit Entwertung. Jedoch muss man sofort hinzufügen, dass es fatalerweise in manchen Situationen wirklich nur *eine* Wahrheit gibt. Wenn Sie jetzt gestern zu mir nach Hamburg gekommen wären, um dieses Gespräch zu führen, aber ich erst heute mit Ihnen gerechnet hätte, dann könnten wir klären, wer von uns denn nun recht hat. Wir machen den Faktencheck, schauen in unseren Mailwechsel und sehen: Einer von uns beiden hat sich leider geirrt.

PÖRKSEN: Es gibt also, so verstehe ich Sie, unabhängig von allen erkenntnistheoretischen Fundamentalfragen, eine ganz praktische Ebene, auf der man sich in der Regel über das, was denn nun stimmt, einigen kann. Haben wir uns am Dienstag oder am Mittwoch verabredet? Das ist letztgültig entscheidbar. Aber auf der Ebene der Deutungskonflikte und in der Welt der Interpretationen braucht es eine andere Flexibilität und ein Bewusstsein dafür, dass ganz verschiedene Ansichten sinnvoll und möglich sind. Hier muss man pluralistischer denken, sonst ist der Konflikt programmiert.

SCHULZ VON THUN: ... ja, hier beginnt die Wahrheit zu zweit. Um noch einmal auf das Beispiel unseres streitenden Paares zurückzukommen: Ob es unbedingt geboten scheint, an diesem einen Tag sofort und ohne weitere Diskussion den Fernseher auszuschalten, ist eine Frage der Einschätzung, die sich nicht durch einen Faktencheck klären lässt. Hier geht es um Bewertungen, um ein Gefühl für Stimmigkeit und Verhältnismäßigkeit, um situatives Augenmaß.

PÖRKSEN: Ich will noch einmal Paul Watzlawick erwähnen, den Stichwortgeber unseres Gesprächs über die Polarisierung. Er unterscheidet – auch wenn das erkenntnisphilosophisch naiv klingen mag und nicht immer in dieser Klarheit und Trennschärfe funktioniert – eine *Wirklichkeit erster Ordnung*: Das sind die unbezweifelbaren Abläufe und Wahrnehmungen, über die man nicht sinnvoll streiten kann. Die *Wirklichkeit zweiter Ordnung* entsteht hingegen erst im Akt der Interpretation, so seine Annahme. Hier konstruieren wir Bedeutungen, erschaffen eine Wirklichkeit entlang unserer Einstellungen, unserer Vorerfahrungen und unserer kulturellen Sozialisation.

SCHULZ VON THUN: Watzlawicks Unterscheidung erscheint mir erhellend, um Konfliktursachen besser zu begreifen, fast hätte ich gesagt: Sie ist *objektiv* nützlich! Denn es gibt die Welt des Faktischen, die gewiss nicht immer, das sei sofort zugestanden, eindeutig und unmittelbar erkennbar ist. Aber hier, in dieser Welt kann man recht haben oder sich irren, die Wahrheit sagen oder lügen, Vermutungen äußern oder Beweise liefern. Und es gibt die Welt der Bedeutungen und Bewertungen. Hier herrscht hingegen die Subjektivität der Beteiligten, die sich ihren eigenen Reim auf die Welt machen, das Tatsächliche für sich und auf eigene Weise interpretieren. Hier betreten wir das Terrain der persönlichen Urteile und der individuellen Perspektiven. Und nun geschieht es oft, dass wir im Modus der Logik und der Faktenverarbeitung, ausgestattet mit dem dort hilfreichen Instrumentenkoffer, in die Welt der subjektiven Konstruktionen hinübergleiten und den dort unpassenden Koffer auspacken. Dann sagen wir nicht: »Aha, so siehst du das!«, sondern sagen: »Das siehst du falsch, das ist doch Quatsch, da bist du unlogisch, da blendest du die Tatsachen X und Y aus!«

PÖRKSEN: Damit wird die eigene, eigentlich subjektive Bewertung zur absolut richtigen und einzig möglichen Position. Die Maxime dieser Ebenenverwechslung und der Vermischung von Meinung und Faktum ist dann: Meine persönliche Wirklichkeit ist die Wahrheit, mein Geschmacksurteil die Realität. Und wer das anders sieht, liegt falsch, ist böswillig, dumm oder verblendet.

SCHULZ VON THUN: Genau. Das ist ein Kunst- und Kategorienfehler, der einen Konflikt fruchtlos verschärft und unlösbar werden lässt. Man tut dann so, als ließen sich die eigenen Bewertungen letztgültig verifizieren, die des anderen jedoch als objektiv unwahr kritisieren, und tritt mit großem Wahrheits- und Überzeugungsfuror in einer Sphäre auf, in der dies nicht angebracht und angemessen ist. Wir müssen also, wenn wir Streitigkeiten überhaupt verstehen und womöglich entschärfen wollen, ein Bewusstsein davon haben, auf welchem Spielfeld wir uns begegnen – und welches Spielfeld für den vorliegenden Streit angemessen ist: Faktenklärung oder Klärung der subjektiven Deutungen und Sinnzuschreibungen.

PÖRKSEN: Das heißt doch ganz schlicht: Trenne die prüfbare *Beschreibung* möglichst klar von der subjektiven *Bewertung*, oder?

SCHULZ VON THUN: Nicht nur, ich argumentiere grundsätzlicher. Auf der Ebene der Wirklichkeit erster Ordnung ist es geboten, die tatsächlichen Geschehnisse und Gegebenheiten zu betrachten; hier können nicht unterschiedliche Auffassungen gleichermaßen wahr sein; hier ist das tatsächliche Geschehen ein zentrales Moment der Auseinandersetzung, weil es sehr entscheidend sein kann, wer die Fakten auf seiner Seite hat und wer einen Irrtum eingestehen muss. Hier gilt es zu ermitteln und zu überprüfen. Auf der Ebene der Wirklichkeit zweiter Ordnung muss man hingegen – auf dem Weg zu einem gedeihlichen Miteinander und einer verständnisvollen Kommunikation – die Vielfalt der Wahrnehmungen und Bewertungsmöglichkeiten erst einmal anerkennen und sie überhaupt erst einmal verstehen.

Die Stuhlkreisgefahr oder vom Nutzen der Zuspitzung

PÖRKSEN: Wir sind jetzt von der Betrachtung der Paar-Kommunikation bei einer Diskussion über Wahrheitsgewissheiten und erkenntnistheoretische Fundamentalprobleme gelandet. Vielleicht – im Sinne einer kleinen Lockerungsübung – eine Frage: Wir tun in unserem bisherigen Gespräch so, als sei die Polarisierung eigentlich immer des Teufels. Aber stimmt das überhaupt? Müssen wir nicht im Bemühen um ein gerechtes Bild beginnen, auch über mögliche Vorzüge der Polarisierung nachzudenken? Die polarisierende Kommunikation bietet, das lässt sich positiv verbuchen, die Klärungschance im Konflikt. Sie ist ein geistiges Fortbewegungsmittel, weil sie in der Zuspitzung eine vielleicht noch diffuse Ahnung auf den Begriff bringt. Sehen Sie dies auch so?

SCHULZ VON THUN: Auf der sachlichen Ebene unbedingt! Dort hat die polarisierende Konfrontation den Vorteil, dass sie einen Gegensatz erst prägnant werden lässt, ihn überhaupt fassbar macht und mit Leben erfüllt. Ist auch für Zuhörer spannender, wenn da gefochten wird – als lebendige Anregung, mit dem eigenen Einerseits-Andererseits in Kontakt zu kommen. Das darf jedoch nicht den Endpunkt in einer Auseinandersetzung bilden, sondern eine Zwischenphase und ein Durchgangsstadium der Konfliktbearbeitung. Denn wir wissen ja auch, dass Konflikte ungeheuer zerstörerisch sein können. Sie rauben den Schlaf, ruinieren Beziehungen, arten manchmal in Gewalt aus. Und der Mensch ist ein Beziehungswesen. Die Qualität seines Lebens steht und fällt mit der Qualität gelingender Beziehungen. Das heißt, dass es stets beides braucht, die Bereitschaft zum Streit und ein Mindestmaß an Verständnis und Empathie. Das gelingende Miteinander und die glückende, manchmal eben auch harte Auseinandersetzung in der Sache wären dann so etwas wie ein »liebender Kampf«, von dem Karl Jaspers spricht. Das wären mein Ideal und meine Utopie.

PÖRKSEN: Aber ist nicht das Modell des Stuhlkreises – es gilt stets verständnisvoll aufzutreten und wertschätzend zu formulieren, der robuste Streit ist eigentlich verpönt – längst dominant? Natürlich braucht es die richtige Mischung aus Konfrontations- und Gesprächsbereitschaft, das leuchtet mir sofort ein. Selbstverständlich ist jede pauschalisierende Verächtlichmachung des anderen gefährlich und falsch, auch das ist klar. Aber ich frage mich, ob die gesellschaftliche Mitte und ein therapieerfahrenes, über alle Maßen sensibles Milieu in diesen Zeiten den Streit und auch die Lust am Dissens nicht erst wieder neu lernen müssen. Der Stuhlkreis, hier als eine Art

Modell und Metapher sanfter, stets empathischer Kommunikation verstanden, hat, so meine ich, nicht ausreichend auf die neue Schärfe im kommunikativen Raum der Gesellschaft vorbereitet. Man muss in einer Zeit, in der sich die Grenzen des Sagbaren so rasant verschieben, härter diskutieren, klarer die roten Linien einer Debatte definieren und im Angesicht der massiven Aggression andere kommunikative Register nutzen oder diese doch wenigstens kennen.

SCHULZ VON THUN: Wenn ich persönlich antworten darf: Ich selbst bin meinem Wesen nach ein »Friedemann« und habe erst im Laufe meines Lebens mühsam entdeckt, dass man auch eine Aufgeschlossenheit für und eine Freude an Differenz und Dissens haben kann, haben sollte. Jede Unterschiedlichkeit, die unabweisbar werden ließ, dass mein Gegenüber anders denkt und fühlt, hat bei mir eine kleine (oder große) Verstimmung ausgelöst. Inzwischen bin ich da etwas weiter: Ich habe den »Differenzophil« in mein inneres Team geholt. Der sagt dann zum Gegenüber halbwegs vergnügt: »Ach, so siehst du das? Interessant! Ich bin nämlich völlig anderer Auffassung!« – Und in meinen Büchern habe ich die konfrontative Du-Botschaft längst rehabilitiert. Und ich bin mir inzwischen sicher, dass es eine wichtige Fähigkeit ist, Angriffe auszuhalten und auch einzustecken und nicht bei jeder harten Formulierung, die mich attackiert und konfrontiert, sogleich einzuschnappen oder in eine totale Gekränktheit zu verfallen. Die Streitbarkeit gehört unbedingt zur kommunikativen Grundausrüstung, und sie lässt sich übrigens auch in einem Stuhlkreis einüben, denn die Arbeit dort soll sich ja nicht in wohliger Wertschätzung, emotionaler Berührbarkeit und sensibler Achtsamkeit erschöpfen. Die eigene Auffassung so klar und aufrichtig wie möglich zu formulieren, auch wenn man damit die Beziehungsharmonie gefährdet – und sie dann aber so auf den Weg zu schicken, dass sie beim Gegenüber verständlich und ehrschonend ankommen kann –, das steht in unseren Seminaren auf dem Lehrplan. Kurzum: Die Stuhlkreisgefahr, die Sie beschreiben, ist längst erkannt und gebannt.

PÖRKSEN: Das trifft gewiss für Ihre eigene Arbeit zu, aber gesellschaftlich betrachtet bin ich anderer Auffassung. Hier beobachte ich eher eine widersprüchliche Kommunikationsentwicklung, eine paradoxe Gleichzeitigkeit des Verschiedenen. Auf der einen Seite gibt es insbesondere im Netz ein zunehmendes Maß an verbaler Aggression. Und aktuelle Studien zeigen, dass Menschen in ganz Europa den gesellschaftlichen Zusammenhalt als bedroht erleben und einen Mangel an Toleranz beklagen, der das Kommunikationsklima verändert. Auf der anderen Seite gibt es in manchen Milieus eine Behutsamkeit und Betulichkeit, die etwas Irreales hat. Sie simuliert in scharfem Kontrast zu der entfesselten Hasskommunikation der digitalen Öffentlichkeit eine Idylle, die längst nicht mehr existiert. Diese Gleichzeitigkeit des Verschiedenen und diese eigentümliche Dialektik der Kommunikationsentwicklung ist empirisch natürlich kaum zu beweisen, aber aus meiner Sicht fehlt genau die Zwischenform, die Sie beschreiben, der liebende Kampf, die richtige Mischung aus Konfrontations- und Gesprächsbereitschaft – dies alles in der Gewissheit, dass es sich lohnt, nach Möglichkeiten des Ausgleichs und der Kompromissfindung zu suchen.

SCHULZ VON THUN: Sie mögen recht haben mit dieser Diagnose, und ich will sofort einräumen: Ich bin kein Gesellschaftsforscher und kein ausgewiesener Gesellschaftsanalytiker. Als Kommunikationspsychologe bin ich eher im Mikrokosmos zu Hause. Aus dieser Perspektive glaube ich tatsächlich, dass es im Letzten um die Integration der Standpunkte und eine Wahrheit höherer Ordnung geht. Aber eben bitte nicht zu früh! Denn erst einmal müssen die unterschiedlichen Wahrheiten erkannt, ausgesprochen und verstanden werden. Man soll diese Phase der polarisierenden Konfrontation, die einen Gegensatz doch überhaupt erst wahrnehmbar macht, nicht überspringen und in der Sorge um die Harmonie die Differenzen in einem scheinbar konfluenten Miteinander aufweichen. Sonst verliert die Auseinandersetzung an Schärfe und Prägnanz. Noch einmal: Für mich ist die Polarisierung eine fruchtbare Zwischenphase in der Auseinandersetzung, nicht mehr und nicht weniger. Und wenn die harte Auseinandersetzung in der Sache gepaart ist mit Respekt und Empathie auf der Beziehungsebene, dann entsteht ein Dialog, der den Namen verdient.

PÖRKSEN: In der Welt des Politischen muss die polarisierende Konfrontation aber doch nicht immer nur ein Übergangsstadium sein, oder? Denn Politik lebt immer auch von Kontroversen, die nicht zu einem Ende oder einer Synthese höherer Ordnung gelangen. Und eine Demokratie ist, wie der Jurist Adolf Arndt einmal gesagt hat, »die politische Lebensform der Alternative«. Das heißt: Der Diskursraum der Demokratie benötigt den sichtbaren Unterschied, die streitbar artikulierte Differenz – als Anlass und Auslöser für die Debatte. Wenn wir das Lob der Polarisierung also noch etwas weitertreiben, dann lässt sich festhalten: Im Zwischenmenschlichen braucht es die *integrative Polarisierung*, die sich im Geist einer gemeinsamen Konsenssuche ereignet. Kaum jemand mag auf Dauer mit einem anderen zusammenleben, mit dem er sich in entscheidenden Fragen nicht einigermaßen einig ist. Aber im Raum des Politischen ist die *programmatische Polarisierung* ein Wert an sich, weil man erst im Gegeneinander der Entwürfe eine Wahl eröffnet. Die Frage ist dann nur, wie man die Unterschiede mit aller Deutlichkeit und Entschiedenheit sichtbar macht, ohne das Kommunikationsklima zu ruinieren. Würden Sie dies auch so sehen?

SCHULZ VON THUN: Zunächst ja, aber dann doch nicht ganz. Jawohl, es geht im Politischen immer auch darum, einen Gegensatz transparent zu machen, um überhaupt eine Unterscheidungsmöglichkeit sichtbar werden zu lassen. Das stimmt und ist insbesondere im Wahlkampf und in der Phase eines parteiinternen Wettbewerbs geboten. Irgendwann kommt aber der Zeitpunkt, wo es die politische Klugheit gebietet, nach einer integralen Lösung zu suchen. Das ist eine Klugheit, die auch den Gesichtspunkt der Gegenseite, sofern er als diskussionswürdig erkannt worden ist, mit berücksichtigt. Dies gilt besonders für Koalitionen, aber auch für parteiinternes Ringen um den besten Weg.

PÖRKSEN: Mögen Sie ein Beispiel nennen?

SCHULZ VON THUN: Während wir hier sprechen, gibt es im politischen Berlin einen Streit um die neue Grundsteuer, nachdem die alte für verfassungswidrig erklärt worden ist. Die SPD will eine möglichst gerechte (bei der viele Parameter zu berücksichtigen wären), die CDU eine möglichst einfach zu handhabende Regelung, damit nicht ein bürokratisches Monster der individuellen Ermittlung, Messung und Einschätzung aufgebaut werden muss. Dieser Streit ist fruchtbar und schärft das Bewusstsein für das grundlegende Dilemma. Wenn am Ende eine integrale Lösung gelingt, dann wird sie so *gerecht* wie möglich und so *praktikabel* wie nötig sein. – Solche integralen Lösungen werden leider erschwert, wenn die Medien sie im Frame »Gewinner-Verlierer« auswerten und darstellen. Denn dann weiß ich vorweg: Wenn ich kompromissbereit entgegenkomme, wird das nicht als integrale Leistung gewürdigt, sondern als Schwäche ausgelegt.

Die Mechanik der Abwertung und das Diffamierungsquadrat

PÖRKSEN: Ich würde jetzt gerne noch konkreter werden, nun endgültig im Blick auf die politische Sphäre und die öffentliche Auseinandersetzung. Es ist offensichtlich, dass die Entscheidung der Bundeskanzlerin im Herbst 2015, die Grenzen nicht zu schließen und bis zum Jahresende eine knappe Million Menschen ins Land zu lassen, die Gesellschaft gespalten hat. Tausende Flüchtlinge hatten sich von Ungarn aus auf den Weg gemacht, waren über die Autobahnen in Richtung der österreichischen Grenze marschiert und wurden schließlich in Bussen und Zügen nach Deutschland geholt. Was in der Folge dieses Septemberwochenendes in den Debatten und Diskussionen des Landes geschah, ist das prototypische Beispiel und Lehrstück einer Polarisierung. Sie hat CDU und CSU in eine Krise getrieben, und auch die Wahlerfolge der AfD sind nicht denkbar ohne diese Entscheidung, sie hat Familien entzweit und Freundschaften zerbrechen lassen. Meine Frage lautet jetzt, wie Sie die Mechanik der Erregung in dieser Auseinandersetzung beschreiben würden. Welche Positionen stehen hier einander gegenüber?

SCHULZ VON THUN: Zwei Auffassungen sind es, die das Spannungsfeld bestimmen. Auf der einen Seite befinden sich diejenigen, die sich im Namen von Humanität, Menschenwürde und Nächstenliebe für die Willkommenskultur aussprechen. Sie sagen: Da sind doch Menschen, die um ihr nacktes Überleben kämpfen, verwundet, verzweifelt, erschöpft und dringend hilfsbedürftig. Und als Christen und Humanisten sind wir gefordert, diese Menschen in ihrer Not aufzunehmen. Und wer, wenn nicht wir Deutschen, die so viel Leid und Unheil über Europa und die Welt gebracht haben, wären hier berufen, ein Gesicht der Barmherzigkeit und der menschlichen Solidarität zu zeigen? Wer, wenn nicht wir mit all unserem Wohlstand und unseren Ressourcen, könnten es uns leisten, diese Herausforderung anzunehmen.

PÖRKSEN: Das Credo derjenigen, die diese Position vertreten, hat Angela Merkel zu der viel zitierten Formulierung verdichtet: »Wir schaffen das.« – Aber lassen Sie uns fortfahren: Wie lässt sich die Gegenposition charakterisieren, die andere Seite?

SCHULZ VON THUN: Hier finden sich diejenigen, die im Namen der nationalen Identität und Stabilität für Grenzkontrollen und die Grenzschließung plädieren. Sie sagen: Das war ein Akt großer Fahrlässigkeit und der Inkaufnahme eines Kontrollverlustes, der unser Land an den Rand des Chaos manövriert hat. Und sie fragen mal im Ernst besorgt und mal mit dem Ziel der Spaltung und der Propaganda: Ist das wirklich noch zu schaffen? Kann die Integration tatsächlich gelingen? Um welchen Preis? Und wie kann es sein, dass man Tausende von Menschen ins Land lässt, die man gar nicht kennt, die man nicht wirklich registriert hat und von denen man nicht weiß, was in ihnen steckt? Welche Sozialisation haben sie hinter sich, welche Werte sind für sie maßgeblich, und welche Traumata bringen sie mit? Gibt es Antisemiten unter ihnen, vielleicht sogar Gewalttäter, die geschickt wurden, um einen Anschlag zu verüben? Und wird es nicht unter uns Einheimischen viele geben, die das vermutlich nicht ganz unzutreffende Gefühl haben, die massenhafte Immigration ausbaden zu müssen, weil sie viele neue Konkurrenten um knappe Mittel befürchten müssen: um Wohnraum, Arbeits- und Kitaplätze, Sozialleistungen?

PÖRKSEN: Wem wollen wir selbst in dieser Kontroverse zustimmen, welcher Auffassung wollen wir uns anschließen? Ich frage deshalb, weil man uns den Vorwurf machen könnte, dass wir, wie im Falle des streitenden Paares, viel zu schnell dazu ansetzen, harte Sachkonflikte durch die Kommunikationsanalyse zu übertünchen und der inhaltlichen Auseinandersetzung durch die Flucht auf die Meta-Ebene auszuweichen. Fakt ist doch: Bereits durch die Wahl der Beispiele treffen wir Vorentscheidungen, und auch wir beide sind schon allein deshalb nicht neutral. Reden wir über einen ehemaligen Bundespräsidenten, der ein offenes, ein *helles Deutschland* und ein *Dunkeldeutschland* voneinander unterscheidet, das verhockt und fremdenfeindlich daherkommt? Sprechen wir darüber, dass ein Vizekanzler hasserfüllte, vermutlich rassistische Demonstranten als *Pack* beschimpft, ihnen den Mittelfinger zeigt? Analysieren wir die Zündler und Berufsprovokateure von der AfD, die von Empörungsreflexen zehren? Greifen wir die Propaganda von bekennenden Ausländerfeinden heraus und beschäftigen uns mit den Extremformen des Hasses? Worauf ich hinauswill: Letztlich können auch unsere Versuche, vor allem Kommunikationsanalyse zu betreiben und Muster der Abwertung zu beschreiben, als eine verdeckte Form der Parteinahme erscheinen. Wie ließe sich ein solcher Vorwurf kontern?

SCHULZ VON THUN: Gewiss, selbst wir alten weisen Männer (wenn ich das mal ganz ohne Selbstironie sagen darf ...) sind nicht davor gefeit, für solche Fakten besonders hellsichtig zu sein, die uns ideologisch eher in den Kram passen. Für Geschehnisse und Zusammenhänge, die Wasser auf unsere Mühle sind. Aber wir können das rechtzeitig bemerken und gegensteuern, oder? – Und wenn wir eine Scharfeinstellung ausgerechnet auf die kommunikative Dimension haben, dann ganz zu Recht! Denn erstens kennen wir uns da zufällig ein wenig aus – und jeder kann nur beitragen, was er draufhat. Und zweitens liegt das Hauptproblem ja eben häufig nicht darin, dass es Konflikte gibt, sondern in der Art der Auseinandersetzung – dass aus der Differenz ein Zerwürfnis wird, das von Verächtlichkeit und Hass geprägt ist. Harte Konflikte können nur in einer Gesprächs- und Kommunikationskultur gelöst werden, die verschiedene Teilwahrheiten würdigt, unterschiedliche Positionen gelten lässt und diese dann im gemeinsamen Ringen zusammenführt. – Eine verdeckte Parteinahme kann ich darin nicht erkennen – die Tugend des Klärungshelfers in Konflikten ist die Allparteilichkeit.

PÖRKSEN: Mein Punkt ist, dass schon die Wahl der Beispiele einen Bias enthalten kann. Aber nochmals nachgefragt: Wo stehen Sie selbst in dieser Auseinandersetzung?

SCHULZ VON THUN: Ich fühle eine größere menschliche und ethische Nähe zu Angela Merkel – und hätte in der Situation 2015 nicht in ihrer Haut stecken mögen. Aber auf diese humane Gesinnung darf ich mir nichts einbilden – sie kostete mich nichts, ich bekam die Folgen der massenhaften Einreise persönlich kaum zu spüren. Auch deswegen kann ich nicht sagen (und fühlen), dass ich die Kritiker der Flüchtlingspolitik alle für herzlose Nationalisten halte, die sich pauschal als unmoralisch abfertigen lassen. Auch ihr Standpunkt verdient es, ernsthaft beachtet und diskutiert zu werden. Es ist einigermaßen unbequem, es anzuerkennen und auszusprechen, aber ich erlebe es so, dass die Polarisierung vielfach bereits innerhalb des Individuums beginnt, selbst wenn man sich mit der Position der Willkommenskultur identifiziert. Das heißt, auch ich höre die Stimme eines stabilitätsbesorgten Abgrenzers in mir, der sagt: »Um Himmels willen, wir müssen den Zuzug begrenzen und die Rückführungen beschleunigen!« Dann wieder gibt es die Stimme des mitfühlenden Helfers, der voller Mitgefühl ist, sich nach einem humanen Deutschland sehnt und der in den Willkommensruf von Herzen mit einstimmen möchte. Und bei weiterem Nachdenken gefällt mir dann der Ausdruck *Willkommenskultur* nicht mehr wirklich. Denn wenn jemand Not leidet und blutüberströmt an meiner Haustür klingelt, klar, dann muss und will ich ihm helfen, aber er ist mir nicht in dem Sinne willkommen, dass ich voller Vorfreude auf seine Ankunft gewartet hätte. Eine Nothilfe als Menschenpflicht – ja! Aber ohne Jubilate Cantate! – Nun jedoch auch in Ihre Richtung gefragt: Wie sieht Ihre Position aus?

PÖRKSEN: Für mich hat der Liedermacher und Lyriker Wolf Biermann mein eigenes Mäandern und die Suche nach einer Position am besten beschrieben. Und zwar in einem Artikel der *New York Times*, der von der Entscheidung der Bundeskanzlerin handelt, die Grenzen nicht zu schließen. Hier heißt es: Angela Merkel hat sich »in einer Ausnahmesituation entschieden, Tausende verzweifelte Flüchtlinge an der deutschen Grenze nicht mit Stacheldraht, Knüppeln, Wasserwerfern und Maschinengewehren und Panzern zurückzujagen, nicht nach Österreich, Ungarn, Griechenland, die Türkei und womöglich in den Krieg in Syrien oder Afghanistan. Ja ja, das war ein Fehler. Aber es war eben der kleinere, der bessere, es war der ›richtige‹ Fehler.« Das trifft, was ich denke. Man konnte, so würde ich sagen, in dieser Extremsituation gar nicht anders, als einigermaßen planlos und getrieben aus dem Moment heraus handeln, nicht auf die Unterstützung anderer europäischer Länder hoffen, und es ist wahrscheinlich, dass die harte Abschottung die Spaltung Europas befördert hätte; man hätte den Streit der Staaten auf dem Rücken der umherirrenden Menschen ausgetragen.

SCHULZ VON THUN: Und auch an Wolf Biermanns Formulierung wird deutlich: Polarisierung gibt es nicht nur innerhalb von Parteien, Gesellschaften und Gruppen, sondern auch im Individuum selbst, denn der Mensch hat mehrere Seelen in seiner Brust. Und seelische Widersprüchlichkeit ist mitunter schwer auszuhalten. Manche versuchen deshalb, um mit sich selber ein Herz und eine Seele zu bleiben, jene inneren Stimmen zum Schweigen zu bringen, die unbequem und verstörend erscheinen. Wenn dann aber ein Gegner genau die Stimme ertönen lässt, die bei einem selbst in Acht und Bann gefallen ist, dann fühlt man sich durch die äußere Wiederkehr des innerlich Verdrängten so bedroht, dass man draufschlagen möchte, jedenfalls verbal. Mancher Hass, manche Gehässigkeit hat diesen Hintergrund.

PÖRKSEN: Ist dies ein Plädoyer für die Wahrnehmung innerer Ambivalenz und Vielstimmigkeit? Mir leuchtet dies einerseits ein, andererseits möchte ich aber davor warnen, die harte Auseinandersetzung mit dem Gegner wegzupsychologisieren und den Blick zu schnell nach innen zu wenden. Da werde ich unruhig. Denn es gibt da draußen Rassisten, Hetzer und Neonazis, die Flüchtlingsheime brennen sehen wollen. Und auf den Straßen von Dresden und anderswo demonstrieren nicht einfach nur besorgte Menschen, sondern hier agitieren auch enthemmt formulierende Wutbürger, die den Islam als *Krebsgeschwür* bezeichnen, Asylsuchende als *Viehzeug* verunglimpfen und Politiker an den Galgen wünschen.

SCHULZ VON THUN: Absolut! In dem Fall bleibt einem die Empathie, die durch Wahrnehmung und Erlaubnis eigener Ambivalenz erleichtert wird, im Halse stecken. Und wenn jemand in seinem Reden und Auftreten das menschliche Antlitz so sehr vermissen lässt, erscheint der Dialog ganz aussichtslos, auch das muss man eingestehen. Aber bevor die Eskalation der Polarisierung in ein derart hässliches Extrem abgleitet, wäre vielleicht manches möglich gewesen und ist nur deshalb entglitten, weil man sich einseitig oder gegenseitig die ehrbare Menschlichkeit abgesprochen hat, nach dem erwähnten Motto »Ich bin das Ideal – und du bist der Skandal!«

PÖRKSEN: Das heißt: Wer das Kommunikationsklima verbessern will, muss das Zögern lernen, das Abwarten, die zunächst möglichst vorsichtige, um Genauigkeit ringende Bewertung.

SCHULZ VON THUN: Sonst droht die rasche Verhärtung der Fronten. – Darf ich ein kleines Rollenspiel zur Flüchtlingsdebatte vorschlagen, die Simulation einer Eskalation, die dies deutlich macht? Nehmen wir einmal an, Sie erzählen mir, dass Ihnen die Entscheidung von Angela Merkel, die Flüchtlinge in dieser Ausnahmesituation nicht mit Pfefferspray und Waffengewalt an der deutschen Grenze zurückzuweisen, einleuchtet. Und ich reagiere dann sofort mit allen Zeichen des Abscheus und nenne Sie wahlweise einen »Gutmenschen«, einen »Humanitätsapostel« oder auch einen »Menschenrechtsfundamentalisten«, der einfach blind ist für die Probleme, die seine Politik der totalen Barmherzigkeit verursacht. Was glauben Sie? Was würde dann passieren?

PÖRKSEN: Ich würde wahrscheinlich sofort in die Verteidigungshaltung wechseln und mit Gegenschlagwörtern kontern: Ich könnte Sie dann als einen »Rechtspopulisten« beschimpfen oder Sie, schon mit leichter Nazi-Konnotation, einen »Nationalisten« nennen, der sich in seiner Ego- und Wohlstandsidylle verbarrikadieren will ...

SCHULZ VON THUN: ... und nehmen wir einmal an, dass ich dann gleich noch mal nachlege, in allen schrecklichen Details auf die Attacken auf Frauen in der Kölner Silvesternacht hinweise, den Grapschereien, den Diebstählen, der sexualisierten Gewalt in Köln, begangen vor allem von Menschen aus dem nordafrikanischen und arabischen Raum, die nach allem, was man weiß, oft schon längere Zeit in Deutschland gelebt haben ... »Sie wollen ja gar nicht sehen, was in diesem Land los ist ... da greifen Nordafrikaner und Araber Frauen an – und was ist Ihre Antwort? Herzlich willkommen! Wir schaffen das!«

PÖRKSEN: ... daraufhin könnte ich im Sinne der Sofort-Eskalation erwidern: »Ach, hören Sie doch auf mit diesem Aufbauschen von schrecklichen Einzelfällen, das ist infam. Wahr ist, dass ein paar Hundert Tätern viele Hunderttausend Flüchtlinge gegenüberstehen, die nicht kriminell geworden sind. Wahr ist, dass viele Hunderttausend Flüchtlinge keine Frauen belästigt haben. Und wahr ist, dass sich viele von ihnen hier integrieren wollen und auf die Attacken mit Entsetzen reagiert haben. Und indem Sie Nordafrikaner und Araber unter Generalverdacht stellen, argumentieren Sie rassistisch.« – Was würden Sie nun in diesem fiktiven Rollenspiel entgegnen?

SCHULZ VON THUN: Spätestens jetzt bricht Feindschaft aus! Und wie bei unserem streitenden Paar vor dem Fernseher würde jetzt unweigerlich ein zweiter Kriegsschauplatz auf der Meta-Ebene eröffnet werden, beispielsweise folgendermaßen: »Na wunderbar! Man darf also in Deutschland nicht einmal sagen, was Fakt ist, ohne sofort in die Rassismus-Ecke gestellt zu werden. Wie sollte ich mich denn Ihrer Meinung nach in korrekter Weise ausdrücken? Es *waren* vor allem Araber und Nordafrikaner, die in der Silvesternacht 2015/2016 Frauen bedrängt und angegriffen haben. Wollen Sie die Zugehörigkeit der Täter zu einer ethnischen Gruppe verschweigen? Dann kann ich nur sagen: Dieses Tabuisieren und Verschweigen aus Gründen der politischen Korrektheit kommt einer Lüge sehr, sehr nahe. Also noch mal, wollen Sie das?«

PÖRKSEN: Auf der Meta-Ebene könnte nun auch ich meine Attacken hochziehen, zum Beispiel so: »Sie dürfen alles sagen! Nur eben nicht ohne Widerspruch. Es gibt nun mal kein Menschenrecht auf Beifall für populistische Vereinfachungen, die Flüchtlinge pauschal diffamieren. Und sehen Sie nicht, mit wem Sie geistig paktieren, welche Stimmungen Sie schüren, welche Ressentiments? Mir erscheint das – wenn man sich die Situation in der Gesamtheit anschaut – schlicht als Panikmache. Die Übergriffe auf Frauen sind furchtbar, gewiss. Und sie müssen unbedingt geahndet und künftig verhindert werden, auch das stimmt. Aber das eigentliche Thema ist doch ein anderes. Es sind seit 1990 insgesamt 170 Menschen von Rechtsextremisten getötet worden, zumeist Einwanderer. Und es ver-

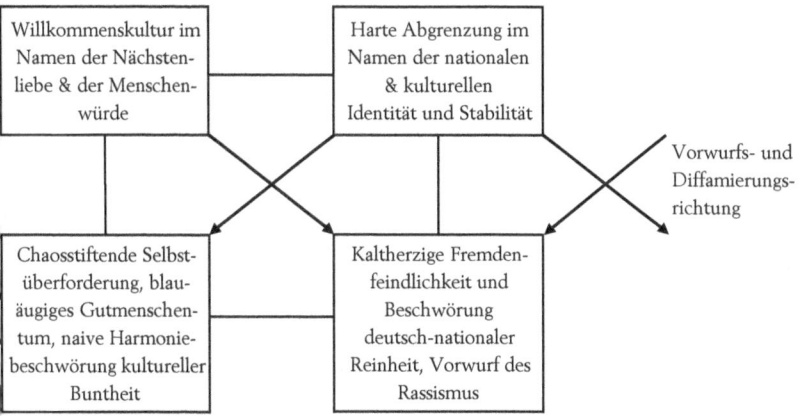

2 Das Wertequadrat als Diffamierungsquadrat, das die Verhärtung der Fronten in der Flüchtlingsdebatte zeigt: Auf beiden Seiten regiert die entwertende Stigmatisierung der gegnerischen Position.

geht kaum ein Tag in diesem Land ohne Attacken auf Flüchtlinge und Menschen, die anders aussehen.«

SCHULZ VON THUN: ... und so könnten wir uns munter weiter beschimpfen, Unterstellungen austauschen, dem anderen die Moral und die Mitmenschlichkeit absprechen. Erneut hilft uns das Wertequadrat dabei, die Dynamik der Polarisierung zu erfassen und die Ergänzungsbedürftigkeit der Auffassungen zu erkennen (siehe Schaubild). Denn es braucht doch beides: die Bereitschaft zur menschlichen Hilfeleistung für diejenigen, die in Not sind. Und das Bemühen darum, geordnete Verhältnisse herzustellen und die Einwanderung von Menschen gesellschaftlich verkraftbar zu gestalten. Aber man attackiert – auf dem Weg zum maximalen Zerwürfnis – den einen Standpunkt als blauäugiges Gutmenschentum, Chaos erzeugende Selbstüberforderung und naive Verherrlichung kultureller Buntheit. Und umgekehrt, auf das Plädoyer für nationale

Identität und Kontrolle reagieren die Gegner dann ihrerseits mit dem Verdacht, hier handele es sich um eine kaltherzige, eventuell fremdenfeindliche und vermutlich sogar rechtsextremistische Beschwörung deutsch-nationaler Reinheit.

Das Gesetz der vertikalen Gegenläufigkeit

PÖRKSEN: Aus dem, was Sie sagen, ergibt sich eine aufschlussreiche Einsicht, eine Neubetrachtung des Wertequadrats. Sie selbst haben dieses Modell konzipiert, weil es sich als eine »Schule der Würdigung« und als ein Instrument des kommunikativen Ausgleichs einsetzen lässt, wie es in einem Ihrer Bücher heißt. Man entdeckt in der abgelehnten Auffassung oder Verhaltensweise eine eigentlich positive Eigenschaft oder doch zumindest einen guten Kern, den es zu würdigen gilt; das ist das Ziel, das grundsätzliche Erkenntnisinteresse. Den Geiz eines Menschen kann man – so betrachtet – als Sparsamkeit schätzen lernen, die Neigung zur Verschwendung als Ausdruck einer etwas übertriebenen Großzügigkeit, die ruppige Distanziertheit als positive Abgrenzungsfähigkeit. Und so weiter. Unsere Diskussion zeigt jedoch gerade, dass sich das Wertequadrat in ein Diffamierungsquadrat verwandeln lässt, das als Instrument der Demagogie taugt. Es kann einem dabei helfen, Stigmawörter zu entdecken, die maximal kränken.

SCHULZ VON THUN: Ganz genau, man kann dieses Modell als Hilfe für das Auffinden dessen verwenden, was im Gegenstandpunkt wertvoll ist, auch wenn es in übertriebener und missglückter Form erscheint – so war es von mir gedacht: Erkenne im Geiz die Sparsamkeit, in rüder Rüffeligkeit die unverstellte Direktheit, in der hektischen Getriebenheit die Agilität und in der Überempfindlichkeit die Berührbarkeit! Wenn Sie es aber als Diffamierungsquadrat gebrauchen, prangern Sie beim Sparsamen den Geiz an, bei dem Direkten und Unverstellten die rüde Rüffeligkeit, bezeichnen den Agilen als hektisch Getriebenen und den Berührbaren als Mimose oder als Weichei.

PÖRKSEN: Tatsächlich offenbart sich hier die Funktionsweise effektiver Propaganda: John Rendon, ein amerikanischer PR-Stratege, von dem behauptet wird, er habe im Dienste des CIA bei der Rechtfertigung des Irak-Krieges und der Verbreitung der Lüge von den angeblichen Massenvernichtungswaffen Saddam Husseins geholfen, hat einmal gesagt: Man verändere die öffentliche Meinung am besten dadurch, dass man die passenden Synonyme finde, um eine Debatte zu lenken. Dann bleibe man in einer gewissen Nähe zur Realität, und das sei in jedem Fall besser, als eine neue Wirklichkeit und Wahrnehmung zu erschaffen, die man erst mühselig durchsetzen müsse. Mir fällt auf, dass sich beim systematischen Negativ-Wording das Wertequadrat als eine Art begriffliche Maschine benützen lässt. Man kann es verwenden, um die Abwertung der gegnerischen Seite zu perfektionieren und Diffamierungsvokabeln zu erfinden, die zumindest ein Minimum an Realitätsgehalt und das berühmte »Körnchen Wahrheit« besitzen.

SCHULZ VON THUN: Raffiniert und infam zugleich! Es ist eine Form des Missbrauchs, den Sie da beschreiben. Man benützt dieses geistige Werkzeug des Wertequadrates dann nicht, um eine Brücke zu bauen, sondern mit dem Ziel, zu spalten, zu diffamieren und die Angriffsfläche des anderen zu vergrößern.

PÖRKSEN: Wenn es gelungen ist, die Eigenschaften des Gegners negativ zu framen, dann stehen sich die Kontrahenten verwundet und erbost gegenüber – in dem unbedingten Bewusstsein, dass man sie für das eigentlich Gutgemeinte zu Unrecht diffamiert.

SCHULZ VON THUN: Und dann greift ein Mechanismus, den ich einmal etwas akademisch hochgestochen das *Gesetz der vertikalen Gegenläufigkeit* genannt habe. Gemeint ist: Je größer die eigene Betroffenheit, desto stärker sinkt die Kommunikationsfähigkeit. Man kann sich das wie bei einem Paternoster vorstellen – kennen Sie diese offenen Fahrstühle noch? Rechts geht es runter, links geht es hoch. Wenn mich jemand scharf angreift und meinen wunden Punkt trifft, dann habe ich im wahren Sinne des Wortes nicht mehr alle beisammen – am wenigsten den Teil in mir, der empathiefähig wäre für mein Gegenüber. Meine Kommunikationsfähigkeit geht in den Keller, obwohl ich sie gerade jetzt am dringendsten brauche! Das ist deshalb tragisch, weil wir gerade in diesen Momenten eine besonders fein ausdifferenzierte Anteilnahme und Konfliktfähigkeit bräuchten; diese müsste mitwachsen, je schärfer ich angegangen, beleidigt und in meinem Menschsein attackiert werde. Aber genau das Gegenteil tritt ein: Ich werde »primitiv« – auf die uralten Reflexe des Stammhirns zurückgeworfen: den Impuls, zu fliehen, einzuschnappen, Gift und Galle auszusenden oder eben draufzuhauen.

PÖRKSEN: Diese Entmenschlichung des Gegners folgt einem eigenen Schematismus, das lässt sich klar zeigen. Es sind archetypische Feindbilder, die die Geschichte der Propaganda prägen. Der andere erscheint als Fremder und als Angreifer, als Verbrecher und Vergewaltiger, den man aus einer moralisch definierten Gemeinschaft ausschließt. Im Extremfall präsentiert man ihn als Bestie oder auch Insekt, Parasit und Krankheitserreger, als ein niederes, Abscheu und Angst erzeugendes Tier, als Symbol der Gefahr. Was dann entsteht, hat der Philosoph Hermann Lübbe einmal die »ideologische Selbstermächtigung zur Gewalt« genannt. Der andere Mensch gerät aus dem Blick. Und man entwirft ein Bild des Gegenübers, das die Hemmschwelle der Misshandlung und der Gewaltanwendung senkt.

SCHULZ VON THUN: Und wer dieser Logik der Abwertung bis zum bitteren Ende folgt, der hat es nicht mehr mit verschiedenen, einander ergänzenden Standpunkten zu tun, die erst gemeinsam ein Licht auf die gesamte Wirklichkeit werfen. Das wäre die integrative Perspektive, die dem anderen zugesteht, dass er eine Teilwahrheit des großen Ganzen zu fassen hat.

Die Wärme des Witzes

PÖRKSEN: Zu Beginn dieses Gesprächs haben wir uns mit Paul Watzlawick gefragt, wie eine Anleitung zur Kommunikation aussehen könnte, die die Gräben vertieft und die Fronten mit Sicherheit verhärten lässt. Dann haben wir – im Bemühen die Konturen einer Kommunikationspsychologie des Politischen genauer zu erfassen – nach universalen Mustern und Mechanismen der Abwertung gesucht, die sich bei streitenden Paaren, aber eben auch auf dem Feld gesellschaftlicher Auseinandersetzungen entdecken lassen. Zum Schluss schlage ich vor, dass wir die Perspektive noch einmal drehen und uns fragen, wie die Entkrampfung des Miteinander-Redens gelingen kann, ganz gleich, ob es um Paare oder politische Parteien geht. Natürlich gibt es keine Rezepte für alle Fälle. Aber wenn wir trotzdem und im Bewusstsein der Ergänzungsbedürftigkeit jedes Vorschlags einmal versuchen, unser Gespräch zu einem einzigen Ratschlag zu verdichten – wie könnte man diesen formulieren? Gibt es für Sie einen Schlüsselsatz, eine Leitformel auf dem Weg zur Depolarisierung?

SCHULZ VON THUN: Mein Vorschlag für einen solchen Schlüsselsatz ist bereits angeklungen, er lautet: *Die Wahrheit beginnt zu zweit.* Das heißt, dass es darum geht, den wertvollen, richtigen, vielleicht jedoch noch verborgenen Kern in der Auffassung des anderen zu entdecken, selbst wenn er diese womöglich gerade in unzumutbar erscheinender oder schwächelnder Weise von sich gibt. Vielleicht ist es hin und wieder stimmig, so zu sprechen: »Ich bin zwar unangenehm berührt von Ihrer Wortwahl, aber worin ich Ihnen gerne zustimme und wo Sie mir geradezu aus dem Herzen sprechen, ist ...« Und dann kommt vielleicht der andere Teil: »... aber es gibt einen Punkt, bei dem ich Ihnen nicht ohne Zorn heftig widersprechen muss ...« – und dann würde es darum gehen, die eigene Wahrheit so aufrichtig und kraftvoll wie möglich zu vertreten, ohne den anderen unter »dbk-Verdacht« zustellen (dumm, bösartig oder krank). Dieses Gefüge aus Trennschärfe und Streitbarkeit, Empathie und Wertschätzung ermöglicht, dass man sich auf Augenhöhe begegnet und eine höhere Wahrheit erarbeiten kann.

PÖRKSEN: In Ihrer Leitformel steckt die Aufforderung, dem anderen als Person – unabhängig von allen inhaltlichen Differenzen – grundsätzlich mit Wohlwollen und Wertschätzung zu begegnen.

SCHULZ VON THUN: ... bei aller gebotenen Trennschärfe! Wertschätzung ist kein Weichspüler! Jawohl, der *Person* mit Wertschätzung und Respekt begegnen, seiner *Auffassung* jedoch nur in dem Maße, wie sie es verdient! Es ist die verbreitete Gleichsetzung von Standpunkt und Person, die es so schwer macht, der Abwertungsspirale zu entkommen. Nach dem Motto: »Was du von dir gibst, ist derart idiotisch, dass es nur von einem Idioten kommen kann!« Wenn man hingegen zu verstehen gibt: »Du bist ein ehrenwerter Kerl, nur diese Meinung, die du da vertrittst, die erscheint mir falsch und verheerend«, dann würde man dem anderen Menschen seine Würde lassen, ganz nach dem englischen Sprichwort: »Kick the ball and not the player!« – Wenn wir jetzt so sprechen, wird mir deutlich, dass Wertschätzung eigentlich zwei Dimensionen hat. Zum einen kann sie sich auf den anderen Menschen beziehen; zum anderen aber auch auf seinen Standpunkt, den man vielleicht ablehnt, aber doch in seiner Diskussionswürdigkeit anerkennt und darin vielleicht sogar eine kleine Perle entdeckt. Die menschliche und die sachliche Wertschätzung – beides gilt es, in den Blick zu bekommen, um die Polarisierung in eine Verständigung hineinmünden zu lassen.

PÖRKSEN: Und wenn ich Ihnen zuhöre, dann fällt mir auf: Die personenbezogene Diffamierung erzwingt unter allen Umständen die Positionierung und erzeugt womöglich falsche Solidaritäten. Einfach weil man sich ungerecht angegriffen fühlt, mag man dann einen Irrtum in der Sache gar nicht erst eingestehen.

SCHULZ VON THUN: Ganz gewiss wird niemand, dem man gerade mit herabsetzender Konfrontation in die Parade gefahren ist, zerknirscht zugeben: »Danke, dass du mir den Spiegel vorhältst! Das macht mich jetzt doch sehr nachdenklich und zeigt mir die Fragwürdigkeit meiner Position auf!«

PÖRKSEN: Aber ist diese so reflektierte Gleichzeitigkeit von personenbezogener Wertschätzung, sachbezogener Kritik und eigener Standpunktsetzung, die Sie fordern, nicht ein bisschen viel verlangt? Man muss ja eigentlich, wenn ich Ihnen folge, mehrere Kommunikationsbewegungen gleichzeitig durchführen – die empathische Annäherung und die entschiedene Abgrenzung, die Zuwendung und die Betonung des Unterschieds. Ich frage mich, ob wir mit einer solchen Tugendforderung tatsächlich weiterkommen, weil man hier, wie mir scheint, ein kaum leistbares Maß an innerer Geklärtheit, geistiger Beweglichkeit und grundsätzlicher Menschenfreundlichkeit voraussetzt.

SCHULZ VON THUN: Richtig, das ist ein anspruchsvolles Ideal – und glauben Sie nicht, dass ich selbst das immer hinkriege! Ich stehe ja auch nicht außerhalb des Gesetzes der vertikalen Gegenläufigkeit … – Und doch: Es muss nicht bei einer idyllischen Sonntagspredigt bleiben, eine solche Konfliktfähigkeit kann man einüben! Da uns das Menschliche nicht gegeben, sondern aufgegeben ist, sollten wir eine solche Haltung im Konflikt als Entwicklungsziel anstreben. Ideale stellen den Kompass, und der Weg ist das Ziel.

PÖRKSEN: Und doch: Setzt man damit nicht einen Menschen voraus, den es gar nicht oder doch gar zu selten gibt? Vielleicht kennen Sie diesen Psychotherapeutenwitz, der das Problem veranschaulicht. Die Fangfrage: »Wie viele Psychotherapeuten braucht man, um eine Glühbirne in die Fassung zu drehen?« – Die Antwort: »Einen, aber die Glühbirne muss wollen!« Frei auf unser Thema angewandt, heißt dies: »Wie viele Kommunikationspsychologen braucht man, um einen Konflikt zu entschärfen? – Einen, aber alle Beteiligten müssen mitmachen!«

SCHULZ VON THUN: Über diesen Witz werde ich jetzt nicht lachen, auch wenn ich sofort einräumen muss, dass es offenbar auch Menschen gibt, die ein Klima feindseliger Polarisierung zu genießen scheinen und in fortwährender Gehässigkeit eine Art Erfüllung finden. Der Volksmund sagt: Es kann kein Mensch in Frieden leben, wenn es dem bösen Nachbarn nicht gefällt. Aber die gute Nachricht ist: Ob der Nachbar böse ist, hängt oft nicht von seinen ihm innewohnenden Eigenschaften ab, sondern (auch) davon, wie ich ihm begegne. Darf ich eine Geschichte aus eigenem Erleben erzählen? Es handelt sich um ein Beispiel gelungener Depolarisierung, das deutlich macht, wie wirksam Empathie und eine Prise Würdigung gerade in einer aufgeheizten Stimmung sein können. 1967 hatte es eine feierliche Eröffnungszeremonie für Erstsemester an der Universität Hamburg gegeben, die massiv gestört wurde. Die Professoren zogen in alter Ehrwürdigkeit zur Musik von Georg Friedrich Händel in ihren schwarzen Talaren in den Saal. Plötzlich setzten sich mehrere Studenten an die Spitze dieses Zuges, entrollten ein Transparent mit dem Spruch »Unter den Talaren – Muff von tausend Jahren!«

PÖRKSEN: Der Protest wurde zum Fanal der Studentenunruhen in Deutschland.

SCHULZ VON THUN: Ja. Und danach gab es an meiner Universität – ich war vom Studenten inzwischen zum Professor geworden – jahrelang keine Begrüßung für Erstsemester mehr. 25 Jahre später, 1992, lud ein neuer Präsident wieder zu einer solchen Begrüßungsfeier ein und bat mich, den Festvortrag zu halten. Kaum hatte die Veranstaltung begonnen, waren dort erneut Studierende, die den geplanten feierlichen Ablauf stören wollten. Sie hatten Hunderte Luftballons mitgebracht, die sie zerknallen ließen, brüllten, beschwerten sich über die Zustände in der Lehre. Der Präsident kam in den Tumulten kaum noch zu Wort.

PÖRKSEN: ... und Sie sollten jetzt Ihren Festvortrag halten ...

SCHULZ VON THUN: ... ja. Meine Beine trugen mich auf die Bühne wie zum Schafott, und ich wusste nur, dass ich jetzt nicht einfach mit dem Vortrag beginnen, sondern etwas zur »Wahrheit der Situation« sagen musste. Ich begann mit den Worten: »Ich bin beeindruckt, aber auch verstört von der Vehemenz dieser unvorhergesehenen Protestkundgebung! Ich bekomme echte Zweifel, ob mein schöner Festvortrag in dieser aufgeheizten Stimmung überhaupt noch passend ist. Ich erkläre mir die Vehemenz des Protests mit dem echten Notstand, der an manchen Fachbereichen herrscht. Wer neu an die Universität kommt, der hofft dort auf Lehrende zu treffen, die sein Berufsziel verkörpern und ihn vielleicht irgendwann auch persönlich wahrnehmen und individuell fördern. Sollte das Ihre Hoffnung sein, dann müssten Sie die Universität sofort wieder mit gebrochenem Herzen verlassen, zumindest im Grundstudium. So gesehen ist jeder geplatzte Luftballon ein Symbol für einen geplatzten Traum auf ein menschenwürdiges und inspirierendes Studium. Diese Enttäuschung ist für mich nicht nur nachvollziehbar, ich teile sie auch! Und doch lohnt es sich, an der Uni zu bleiben! Warum? Weil Studium und Lehre zur gemeinsamen Angelegenheit werden muss, und weil dieser Präsident entschlossen ist, die Verbesserung der Lehre zur Chefsache zu machen. Wer weiß, vielleicht kann aus dem heutigen Protest ein gemeinsames Engagement werden!?«

PÖRKSEN: Ich will dieses Beispiel nicht überinterpretieren, aber man könnte sagen: Sie haben hier etwas betrieben, was man die *Hermeneutik der Wut* nennen könnte. Sie haben sich gefragt: Wo findet sich in der Attacke der legitime Anteil? Welches berechtigte Anliegen verbirgt sich in dem Protest? Vor allem aber: Sie haben diejenigen, die da tobten und brüllten, nicht sofort abgewertet. Damit hätten wir eine zweite Leitformel zur Depolarisierung: »Du sollst nicht vorschnell generalisieren! Und dein Gegenüber nicht pauschal abwerten!«

SCHULZ VON THUN: Ja, ich hätte auch sagen können: »Was soll dieser Krawall? Bloße Lautstärke ersetzt keine Konzepte und Argumente! Die, die am lautesten brüllen, haben erfahrungsgemäß am wenigsten im Kopf! Können wir jetzt wieder zu den bewährten akademischen Sitten zurückkehren!?« Eine solche Abqualifizierung (1967 und in den Folgejahren oft gehört!) hätte einen feindseligen Teufelskreis in Gang gesetzt, und dann wären vielleicht noch ein paar Tomaten hinterhergeflogen. Ob der böse Nachbar wirklich böse wird, steht am Anfang oft noch auf der Kippe. Durch die Deutung des Protests als Notwehr und als Engagement für die Verbesserung der Lehre war es möglich, das Geschehen so zu rahmen, dass aus dem giftigen Gegeneinander eine kooperative Handreichung entstehen konnte. Gut, wenn in der Empathie auch eine Prise Würdigung enthalten ist. Allerdings darf man in einer solchen Situation auch nicht zu lobhudelig werden, nicht zu verständnisinnig und therapeutisch auftreten.

PÖRKSEN: Das würde wie ein Trick wirken, um die Leute zu beruhigen und sein eigenes Programm doch noch einigermaßen unbeeindruckt durchzuziehen.

SCHULZ VON THUN: Genau, es wäre nicht stimmig im Hinblick auf die Situation. Es geht also einerseits darum, das Anliegen zu würdigen, aber andererseits eben auch darum, selbst Farbe zu bekennen und als ein Gegenüber in Erscheinung zu treten, das selbst für etwas steht, einen Standpunkt hat, eine eigene Position, die man nicht verdruckst verschweigt, sondern klar formuliert. Das Interessante und Berührende war jedenfalls: Ich konnte meinen Festvortrag dann doch noch halten. 45 Minuten war es absolut still.

PÖRKSEN: Ich denke, es existiert noch ein drittes Mittel zur Depolarisierung und Entkrampfung, es ist der Humor. Natürlich gibt es auch das hämische, abwertende Gelächter, den deplatzierten Spott auf Kosten anderer, der das Kommunikationsklima sofort eisig werden lässt. Aber es gilt eben auch: Humor stiftet Gemeinschaft, schafft Verbindung. Witze wärmen. Und ein Scherz kann mal auf freundliche, mal auf freche Art und Weise verstören, für eine Irritation sorgen, die eine ganze Gruppe im befreienden Lachen aus der drohenden Verbiesterung herauskatapultiert.

SCHULZ VON THUN: Ein guter Punkt. Allerdings ist es nicht damit getan, zur rechten Zeit einfach nur einen gelungenen Witz zu platzieren. Humor ist keine Technik, die man einfach mal einsetzen kann, sondern setzt eine Selbstdistanzierung und damit ein gewisses Maß an menschlicher Reife voraus; man sieht die Schwierigkeiten, die gerade noch so dramatisch erschienen, auf einmal mit anderen Augen, gewinnt Abstand zu sich selbst und der Situation, die einen soeben noch so schwer bedrückt hat. Humor ist, so gesehen, ein Heilmittel, das die Erkenntnis bereithält, dass in dieser Welt nicht alles perfekt ist und nicht alles optimal läuft und dass ich das, worauf ich soeben noch mit Empörung und Erschütterung oder vielleicht auch mit narzisstischer Gekränktheit reagiert habe, mitunter auch als loriotreife Szene betrachten und mit heiterer Gelassenheit und einem Lachen quittieren kann. Ich habe von einer Mitarbeiterin im Jobcenter gehört, die auf eine beleidigende Attacke des Kunden (»Sie sind eine alte Sau!«) erwidert hat: »Die *alte* nehmen Sie jetzt sofort zurück!« – Meine Frage an Sie zum Schluss: Fällt Ihnen ein guter Witz ein, der als Geburtshelfer einer Entpolarisierung taugt?

PÖRKSEN: Erneut kann man Paul Watzlawicks *Anleitung zum Unglücklichsein* zitieren, jenes kleine Buch, das schon am Beginn unseres Gesprächs stand. Hier findet sich die Geschichte mit dem Hammer, die sehr bekannt geworden ist. Mancher Leser kann sie vermutlich im Halbschlaf rezitieren. Und doch will ich sie einmal vorlesen. »Ein Mann will ein Bild aufhängen«, so heißt es bei Watzlawick. »Den Nagel hat er, nicht aber den Hammer. Der Nachbar hat einen. Also beschließt unser Mann, hinüberzugehen und ihn auszuborgen. Doch da kommt ihm ein Zweifel: Was, wenn der Nachbar mir den Hammer nicht leihen will? Gestern schon grüßte er mich nur so flüchtig. Vielleicht war er in Eile. Vielleicht hat er die Eile nur vorgeschützt, und er hat was gegen mich. Und was? Ich habe ihm nichts getan; der bildet sich da etwas ein. Wenn jemand von mir ein Werkzeug borgen wollte, *ich* gäbe es ihm sofort. Und warum er nicht? Wie kann man einem Mitmenschen einen so einfachen Gefallen abschlagen? Leute wie dieser Kerl vergiften einem das Leben. Und dann bildet er sich noch ein, ich sei auf ihn angewiesen. Bloß weil er einen Hammer hat. Jetzt reicht's mir wirklich. – Und so stürmt er hinüber, läutet, der Nachbar öffnet, doch bevor er ›Guten Tag‹ sagen kann, schreit ihn unser Mann an: ›Behalten Sie Ihren Hammer.‹«

SCHULZ VON THUN: Das ist ein herrliches, selbst fabriziertes Drama, das einen unvermeidlich schmunzeln lässt. Aber hilft es uns, die Dynamik der Polarisierung besser zu verstehen?

PÖRKSEN: Ich denke schon, denn die Hammer-Geschichte präsentiert die Grundbedingung der Selbstverhärtung in satirischer Form: Wer nur in seinen privaten Negativ-Fantasien lebt, der kann den anderen gar nicht mehr sehen, er hört eigentlich nur sich selbst und das Echo seiner eigenen Stimme, ohne Korrektiv, ohne den existenziell wichtigen Einspruch von außen. Und das heißt: Nur wenn man – mindestens – zu zweit beginnt, nur, wenn der andere in meiner Welt mit seiner ganz eigenen Perspektive und seiner Andersartigkeit auch wirklich vorkommen darf, dann kann so etwas wie gemeinsame Realität oder Wahrheit überhaupt entstehen. Und das Gespräch bekommt Sinn und Substanz.

II.

Möglichkeiten und Grenzen des Dialogs

Primat der Stimmigkeit

PÖRKSEN: Das momentane Debattenklima ist giftig, boshaft, aggressiv. Hass und Hetze, Gerüchte und Falschmeldungen explodieren in den sozialen Netzwerken. Online und offline werden Politiker und Journalisten, Frauen und Flüchtlinge, aber auch Mitarbeiter in Behörden und Ämtern, Rettungskräfte und Polizisten in bislang unbekannter Schärfe attackiert, angepöbelt, diffamiert. Sie selbst haben ein Leben lang über das Miteinander-Reden nachgedacht, die gelingende Verständigung. Deshalb zu Beginn ein paar ganz einfach klingende Fragen: Kann man mit allen reden? Soll man das überhaupt? Und wann muss der Dialog enden?

SCHULZ VON THUN: Die Schwierigkeit, diese Fragen zu beantworten, liegt in dem Wörtchen *man* und dem Abstraktionsgrad des Dialogbegriffs. Kann *ich* mit allen reden, können *Sie* es? Und wenn dem so ist: in welcher Situation, in welcher Rolle und mit wem? Sprechen Sie als ein Medienwissenschaftler, greifen Sie in einem Disput vor der Kamera in eine Debatte ein? Bemühen Sie sich um ein klärendes Gespräch, weil ein guter Freund beim gemeinsamen Bier plötzlich ultrarechte Ansichten äußert und Sie sich wundern: »Mit wem sitze ich da eigentlich am Tisch?« Oder handelt es sich um einen ehelichen Streit, geht es um eine Team-Konferenz, eine Podiumsdiskussion? Das sind so verschiedene Situationen und Gesprächsgelegenheiten, dass sie sich kaum alle unter dem großen Dachbegriff »Dialog« vereinen lassen.

PÖRKSEN: Die erste Antwort lautet also, dass die Möglichkeiten und Grenzen des Miteinander-Redens nur im Konkreten bestimmbar sind, das ist die Prämisse, von der wir ausgehen. Der Einzelfall entscheidet. Unterschiedliche Menschen, die in einer je besonderen Situation miteinander sprechen – das ist die Ur-Szene, über die wir jetzt nachdenken.

SCHULZ VON THUN: Ja, und dann muss es mir darum gehen, die Besonderheit der Situation ins Auge zu fassen und meine Rolle darin zu klären. Was ist das für eine Situation, was verlangt sie mir ab, und wozu gibt sie mir Gelegenheit? Und was wäre mein Anliegen, diese Gelegenheit zu ergreifen? Alles, worauf ich mich dann einlasse, sollte stimmig sein, das heißt in Übereinstimmung mit mir selbst und mit der Wahrheit der Situation. Dieses anspruchsvolle Ideal der Stimmigkeit liefert keine Fertigrezepte und Verhaltensschablonen, sondern stellt zunächst den inneren Kompass auf der Suche nach der guten Kommunikation.

PÖRKSEN: Dies lohnt es sich zu betonen, meine ich. Stimmige Kommunikation ist – so betrachtet – das Resultat einer doppelten Passung, sie passt zur eigenen Person und zu den Herausforderungen der Situation. Wenn man anerkennt, dass Menschen und Situationen unendlich verschieden sind und die Möglichkeiten des stimmigen Miteinander-Redens immer neu ausgelotet werden müssen, dann bedeutet dies in der Konsequenz: Es ist falsch, so zu tun, als sei der Dialog ein Allheilmittel, eine Art Zaubertrank gegen die Polarisierung der

Gesellschaft. Ganz in diesem Sinne hat der Journalist Daniel Binswanger notiert, es gebe gegenwärtig eine »seltsame Fetischisierung der Gesprächsbereitschaft«, eine pauschale Verherrlichung von Diskurs und Debatte. So, als würde es schon »reichen, mit dem Gegner zu reden – jedem Gegner, selbst dem antidemokratischen –, um seine destruktive Kraft zu bannen. Als müsste man bloß seine Widersacher zu Wort kommen lassen, um sie in den Kreis der Demokratiefreunde wieder einzugemeinden.«

SCHULZ VON THUN: Der Hinweis, dass eine Handlung (alleine) nicht ausreicht, um etwas zu erreichen, nimmt ihr nicht den Wert, etwas beitragen zu können. Aber es trifft zu: Eine solche Heilserwartung sollte man, sofern sie vorhanden war, wieder fahren lassen. Denn ein Gespräch – sofern überhaupt etwas zustande kommt, was diesen Namen verdient – macht noch nicht automatisch alles besser. Manchmal wird alles schlimmer. Wenn ich mein Gegenüber im direkten Kontakt erlebe, können sich die anfänglichen Vorbehalte rasch verschärfen.

PÖRKSEN: Das klärende Gespräch kann die Differenz der Kontrahenten erst so richtig sichtbar und erlebbar machen, stimmt. Man schaut einander an und begreift erst, wie wenig man den anderen mit seinen Ansichten eigentlich leiden kann.

SCHULZ VON THUN: Und es entstehen womöglich jenseits der Sachfragen auf der Beziehungsebene neue Streitfelder, die von den Modalitäten der Konfliktaustragung handeln, ganz nach dem Motto: »Was erlauben Sie sich? Wie reden Sie überhaupt mit mir?« Und wenn ich dann die Art des Gesprächsverhaltens zum Thema mache (»In der Sache bin ich anderer Meinung als Sie, aber zunächst zum Ton, den Sie anschlagen: den empfinde ich als beleidigend und unverschämt!«), dann kann es passieren, dass diese Metakommunikation ein weiteres Schlachtfeld eröffnet und den Graben weiter vertieft (»... ich hätte nicht gedacht, dass Sie so empfindlich sind! Wer austeilt, muss doch auch einstecken können. Ich bin es gewohnt, Klartext zu sprechen, und werde mir den Mund von Ihnen nicht verbieten lassen!«). Sie sehen: Auch im Bereich der Metakommunikation, auf dem man vielleicht hofft, die Art der Auseinandersetzung fruchtbarer zu machen, kann man sich intensiv verheddern und Störungen zweiter Ordnung produzieren.

PÖRKSEN: Auf einmal wird dann eine vielleicht ganz irrelevante Stimmungsschwankung hypersensibel ins Monströse vergrößert. Und man streitet sich nun nicht mehr inhaltlich, sondern auf der nächsthöheren Stufe über die Art und Weise, wie man miteinander streitet. Das leuchtet mir ein. Und doch: Ihre Kritik der Metakommunikation erscheint mir bemerkenswert, denn Sie haben in Ihrem ersten Buch über die Praxis des Miteinander-Redens diese noch als »die Gewohnheit der nächsten Generation« gewürdigt und sie als entscheidendes Heilmittel im Konfliktfall beschrieben. Mögen Sie die Gründe für Ihren Sinneswandel erläutern?

SCHULZ VON THUN: Die Verheißung der Metakommunikation besteht ja darin, dass sich Missverständnisse und Verstimmungen klären lassen, wenn man sich auf einer Hochebene der überblickenden Reflexion neu begegnet – und über das sprechen kann, was da gerade unten im Tal zwischen uns schiefgelaufen ist. Das ist die Hoffnung. Aber ohne Moderation und im Übereifer des Gefechtes kann schlechterdings eine zweite Front entstehen, die nun endgültig aus Gegnern Feinde macht.

Nach meiner heutigen Einschätzung kann die Aussprache darüber, wie wir miteinander umgehen, chancenreicher dann stattfinden, wenn man ein wenig Abstand gewonnen hat vom »Eifer des Gefechtes« und sich wieder zu fassen hat. Aktuelle Metakommunikation ist nur dann aussichtsreich, wenn Missverständnisse sofort an Ort und Stelle aufgeklärt werden können, zum Beispiel: »Sie reagieren so, als hätte ich Ihnen einen Vorwurf gemacht. Ich mache Ihnen aber gar keinen, sondern ich habe einen Wunsch und eine Bitte für die Zukunft ...«

PÖRKSEN: Ich halte fest: Es gibt kein Universalrezept für die Konfliktlösung im Gespräch. Und jeder Dialog kann Unterschiede, die vorher in einem Klima wohliger Unklarheit und der vielleicht bloß gefühlten Übereinkunft gar nicht so richtig erlebbar waren, so richtig ins Bewusstsein treten lassen. Und doch will ich eine meinetwegen pauschale Kommunikations- und Dialogforderung nicht so schnell preisgeben, weil sie, wenn auch vielleicht ziemlich hilflos und gewiss viel zu allgemein, darauf verweist: Wir könnten auch, statt verbal aufeinander einzuprügeln, erst einmal das Sprechen einüben, den Streit in der Sache, der nicht eine Person diffamiert, sondern eine Position kritisiert. Das ist alles in allem gewiss die bessere Alternative.

SCHULZ VON THUN: Oh ja, miteinander reden gehört zu den allerersten Optionen, wenn Verächtlichkeit und Gehässigkeit im Anmarsch sind oder bereits die Oberhand gewonnen haben. Oder wenn man einander bisher in eisigem Schweigen ausgewichen ist. Also, ich teile die Sehnsucht nach einem produktiven, gelingenden Miteinander-Reden, dies unbedingt. Und ich lebe davon, dass die Menschen dieses Miteinander-Reden besser verstehen und in Seminaren üben wollen. Aber dann wird es ganz konkret: Wie spreche ich mit jemandem, dessen Auffassungen mir womöglich ganz zuwider sind, die ich aus tiefstem Herzen ablehne, vielleicht verachte? Vielleicht hilft hier ein dialektisches Prinzip der »respektvollen Ablehnung«, wie Sie in unserem Gespräch über die Polarisierung sagen: Respekt vor dem Menschen, Ablehnung seines Standpunktes.

Dialektik von Abgrenzung und Annäherung

PÖRKSEN: Dieses Prinzip scheint mir tatsächlich nützlich. Und doch plädiere ich dafür, dass wir uns grundsätzlich darüber verständigen, was einen Dialog ausmacht. Ich denke, wir brauchen zunächst ein paar allgemeine Kriterien, die in der Reibung mit den einzelnen Beispielen eine andere Nachdenklichkeit entstehen lassen, wenn es gut läuft. Also: Was zeichnet – ganz allgemein gefragt – ein echtes Gespräch, einen wirklichen Dialog aus? Wie beschreiben wir selbst das Ideal des Miteinander-Redens?

SCHULZ VON THUN: Dialog heißt von der ursprünglichen Wortbedeutung her »Unterredung« – also geht es um Menschen, die miteinander reden. Darüber hinaus enthält der Begriff dann auch, ganz wie Sie sagen, Idealvorstellungen darüber, was ein *gutes* Gespräch ausmacht. Wenn alle am Gespräch Beteiligten von dem dialogischen Credo beseelt sind, dass »die Wahrheit zu zweit beginnt«, dann ist dafür viel gewonnen. Die Beteiligten begreifen sich dann nicht (nur) als Antagonisten, die etwas auszufechten und den Sieger zu ermitteln haben, sondern (auch) als Komplementäre, als Ergänzungspartner, die im Hinblick auf Wahrheitsklärung und Problemlösung gemeinsam etwas Besseres herausfinden, als wenn nur eine und einer allein das Sagen gehabt hätte. In diesem Sinne würde jeder Beteiligte seinen »Standpunkt« als einen »Ausgangspunkt« begreifen, wohl ahnend und sogar hoffend, dass er am Ende des Gespräches mit seinen Überzeugungen nicht mehr haargenau an derselben Stelle stehen wird.

PÖRKSEN: Man bewegt sich wirklich aufeinander zu, verlässt die Ruhebank der festen Wahrheiten und Gewissheiten auf dem Weg zu einer neuartigen Synthese.

SCHULZ VON THUN: »Ruhebank« ist gut gesagt. Genau, damit ist ein anderer, neuer Ehrgeiz geboren. Der alte Ehrgeiz für ein Gespräch zielte darauf ab, das Gegenüber, das den Standpunkt A innehat, davon zu überzeugen, dass ich mit meinem Standpunkt B recht habe. Wenn dies gelingt, war es ein schönes Gespräch! Leider hatte der andere dasselbe Ziel, dass ich mich aufgrund seiner überzeugenden Darlegungen geschlagen gebe und mich von B nach A bewege. Wenn ja, war es für ihn ein schönes Gespräch. Der neue Ehrgeiz, der das Dialogische erst wirklich hervorbringt, sucht nach einem dritten Punkt C, der weder mit A noch mit B identisch ist, stattdessen den wertvollen Kern von A *und* B herausschält und diesen in C integriert.

PÖRKSEN: Müssen uns für ein solches Dialogverständnis, das die unterschiedlichen Perspektiven zusammenführt, die Leitsätze eines Carl Rogers interessieren? Er warb als Psychotherapeut und Vertreter der humanistischen Psychologie stets für die empathische Zuwendung, um in die Welt des anderen einzutauchen, sie in ihrer ureigenen Gestalt überhaupt erst einmal zu erkennen. Carl Rogers' Idee des aktiven Zuhörens, das auf ein umfassendes Verständnis des Gegenübers zielt, erscheint mir daher als eine zumindest nützliche Anregung, die allerdings in manchen Kreisen auf übertriebene Weise interpretiert wurde. Ganz nach dem Motto: Wir müssen erst einmal alles wiederholen, was der andere gerade gesagt hat. Was meinen Sie? Ist Carl Rogers hier hilfreich?

SCHULZ VON THUN: Dass ich im Gespräch fortwährend mit eigenen Worten wiedergebe, was ich von dem anderen auf und zwischen den Zeilen verstanden habe, kognitiv und emotional, das ist wohl tatsächlich eher im therapeutischen Kontext hilfreich und heilsam. Aber die Empathie, die dafür nötig ist, wäre auch im Alltagsdialog und in der öffentlichen Debatte überaus wertvoll. Für mich beginnt die Dialogkompetenz in der Verbindung von zwei konträren Fähigkeiten. Einerseits muss, zumindest auf einer Seite, ein Bemühen vorhanden sein, Verständnis für das Gegenüber zu gewinnen – für seine Position und für seine Person. In dem Maße, wie ich dies vermag und dabei wenn auch vielleicht nur minimale Gemeinsamkeiten entdecke, baue ich eine Brücke. Andererseits muss der Moment kommen, an dem ich meine eigene Sichtweise, mein eigenes Dafürhalten, meinen eigenen Standpunkt deutlich mache, womöglich mit Nachdruck und auch mit Resonanz auf die Verlautbarung des Gegenübers, die ich für einseitig oder gefährlich halte. Also empathisches Verstehen und eigene Farbe bekennen, beides. Und die eigene Farbe nicht »herunterbeten«, wie von einer oft gespielten Kassette, sondern so, dass ich auf den anderen eingehe, Bezug nehme auf das, was ich von ihm aufgenommen habe – da wird es dann erst wirklich dialogisch.

PÖRKSEN: Das hieße im Sinne einer weiteren Zwischenbilanz auf dem Weg zu einem produktiven Dialog: Zuerst verstehen, was der andere sagt, sich darum bemühen, seine Position zumindest ein wenig zu würdigen, dann sagen, was man selbst zu alldem meint – das wäre eine sinnvolle Schrittfolge, die natürlich nicht zu einem Schematismus missraten darf. Unter allen Umständen gilt: Abwertung kann nie der Auftakt sein. Wer schon konfrontativ beginnt und mit der Abwertung einsetzt, setzt den falschen Ton, bekommt keinen Zugang zu der Welt des anderen.

SCHULZ VON THUN: In jedem Fall hat die Konfrontation eher eine Chance, konstruktiv aufgenommen zu werden, wenn man zuvor die Brücke gebaut hat, sich zumindest um das Verständnis bemüht und nicht mit einer Kriegserklärung begonnen hat. Es kann geradezu wie ein Zauber wirken, wenn man den Standpunkt des Gegenübers in eigenen Worten und in einer Weise formuliert, so dass sich dieser tatsächlich zutiefst verstanden fühlt. Man findet dann ein anderes Gehör. Und wenn es einem dann noch gelingt, die eigene innere Wahrheit mit Kraft und Aufrichtigkeit vorzutragen, ohne jedoch den anderen gleichzeitig als Mensch zu entwerten, dann sind wir dem gelingenden Dialog nahegekommen.

PÖRKSEN: Was Sie im Sinne eines Ideals beschreiben, ist eine Doppelbewegung aus Annäherung und Abgrenzung, Hingabe und Verweigerung, Akzeptanz und Konfrontation. Ein »Streicheln und Kratzen«, so hat dies der Schriftsteller Martin Walser einmal genannt. Diese dialektische Gleichzeitigkeit des Verschiedenen ist ein Schlüsselmerkmal des Dialogs, der wirklich diesen Namen verdient, so können wir festhalten. Beide Standpunkte kommen vor, es gibt die Bereitschaft, ihre Andersartigkeit überhaupt zu erkennen und anzuerkennen. Und man macht dann auch noch die Differenzen klar, markiert in aller gebotenen Deutlichkeit Unterschiede und Defizite.

SCHULZ VON THUN: Das ist schwer umzusetzen, auch weil es seelisch sehr unterschiedliche Qualitäten sind, die es hier gleichzeitig braucht. Das Bemühen um Verständnis und Empathie kann in eine Art Gesprächstherapie abgleiten, ein Zuhören und Aufnehmen, bei dem man einen eigenen Standpunkt gar nicht mehr kenntlich macht und sich in der gefühligen Wertschätzung des Gegenübers verliert – ohne selbst eine innere Resonanz aufzubauen und schließlich selbst Farbe zu bekennen. Und die Komplementärtugend einer deutlichen Konfrontation kann zur pauschalen Verunglimpfung des Gegenübers degenerieren: »Jetzt mal draufschlagen, attackieren, in die Fresse hauen«, so lautet dann die Devise. – Kurzum: Manche sind empathiebegabt, manche stark in der Verkündung der eigenen Wahrheit – und nur wenigen gelingt es, das eine mit dem anderen zu verbinden. Da beginnt dann die Kunst. Denn wer nur das eine kann, ist im Wertequadrat wieder in der Gefahr abzurutschen.

PÖRKSEN: Für mich fehlt bei alldem allerdings noch ein wichtiges Moment des Dialogischen, nämlich die Bereitschaft, sich überraschen zu lassen und im Zweifel auch die eigene Auffassung zu ändern. Die klare Unterscheidung von Empathie und Konfrontation setzt ja voraus, dass die eigenen und die fremden Positionen schon ziemlich sicher festliegen, sie einem überhaupt in der nötigen Klarheit bewusst sind, man sich aber selbst inhaltlich gar nicht mehr groß bewegt. Genau diese Möglichkeit der Revision der eigenen Auffassungen zeichnet aber einen Dialog aus; stets gibt es ein Moment des Unplan-

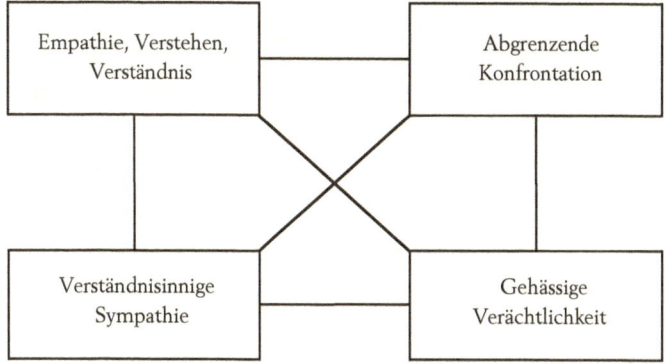

3 Die dialektische Gleichzeitigkeit von Annäherung und Abgrenzung, von Empathie und Konfrontation – ein Werte- und Entwicklungsquadrat der dialogischen Kompetenz.

baren, Unvorhersehbaren, Überraschenden. Und man gelangt, ohne dass man am Anfang schon Genaueres wissen könnte, zu einer Intensität und Synthese des Denkens, die in monologischer Abgeschiedenheit einfach nicht zu haben ist.

SCHULZ VON THUN: Und in monologischer Zweisamkeit auch nicht. Ebendeshalb ist es so zentral, die Position des anderen nicht nur zu begreifen, sondern sie auch (und sei es nur minimal) zu würdigen. Wie könnte sonst das dialogische Credo, dass die Wahrheit zu zweit beginnt, mit Leben gefüllt werden und etwas entstehen, das man alleine gar nicht zustande brächte? Nur am Rande: Ich habe mal als Jury-Mitglied an einem Debattenwettbewerb junger Leute, zum Teil Nachwuchspolitiker, teilgenommen. Bei vorgegebenen kontroversen Themen sollten sie ihren Standpunkt argumentativ vertreten und sich gegenüber dem behaupten, der den Gegenstandpunkt vertrat. Als Sieger wurde erkoren, wem das am überzeugendsten gelang. Diese jungen Leute waren rhetorisch brillant, klug in der Gedankenführung und mit Leidenschaft bei der Sache – ich fand sie richtig gut! Aber zwei Dinge konnten (oder wollten) sie alle nicht. Sie konnten nicht entdecken und würdigen, was im Standpunkt des Kontrahenten wertvoll oder zumindest berücksichtigenswert ist. Und zweitens, sie konnten die Nachteile der eigenen Position nicht offen bekennen. Diese beiden Dialog- und Debattenfähigkeiten schienen in ihrer Schulung nicht vorzukommen. Sollten sie aber! Souverän waren sie alle, zum Teil großartig, aber es gibt eine Souveränität höherer Ordnung, die es sich erlauben kann, die Stärken des anderen und die eigenen Schwachpunkte freimütig zu erkennen und zu bekennen.

PÖRKSEN: Wie ließe sich diese so unterschiedlichen Kommunikationsmanöver in Richtung eines wirklichen Dialoges umsetzen, ganz praktisch gefragt? Man darf es, wenn man selbst überzeugen will, mit dem eigenen Defizitbekenntnis auch nicht übertreiben, oder?

SCHULZ VON THUN: Eine Würdigung, die die eigenen Überzeugungsversuche nicht konterkariert, könnte zum Beispiel so klingen: »Ich stimme Ihnen völlig zu, dass mit meinem Vorschlag ein Nachteil verbunden ist – und Sie haben ihn auch aus meiner Sicht richtig herausgearbeitet! Warum bin ich dennoch entschieden dafür? ...« Die Angst, dadurch ein Eigentor zu schießen, ist, so meine ich, unbegründet. Vielfach wird eine Wehrkraftzersetzung in eigener Sache befürchtet, als ob man dem Gegner freiwillig Munition liefern würde. Aber ganz im Gegenteil, man gewinnt an Überzeugungskraft und persönlicher Glaubwürdigkeit. Und erhält sich die Chance, etwas dazuzulernen.

PÖRKSEN: Und doch hat diese Würdigung des Gegenübers und diese dialogische Haltung, die wir bislang skizziert haben, ihre eigenen Grenzen und Risiken. Wenden wir uns doch einmal den heiklen Fällen zu, den Problemzonen der gesellschaftlichen Kommunikation. Es gab ja in der Anfangsphase der Pegida-Bewegung, die gegen den Islam und Flüchtlinge mobilisierte, seitens der Politik und der Medien den Versuch, ihre Anführer durch Gesprächsangebote zu besänftigen – ohne allzu genau hinzuschauen, mit wem man da eigentlich zusammentraf. Der damalige Ministerpräsident von Sachsen, Stanislaw Tillich, hatte die Maxime ausgegeben: »Raus aus der Dunkelheit der Straße hinein ins Licht des Dialogs.«

SCHULZ VON THUN: ... der damalige Vizekanzler Sigmar Gabriel tauchte bei einer Diskussionsveranstaltung mit Pegida-Anhängern in Dresden auf ...

PÖRKSEN: ... und sagte: »Was gibt es in der Demokratie anderes an Mitteln, als miteinander zu reden.« Journalistinnen und Journalisten standen Schlange, um die Pegida-Anführer zu interviewen, unter ihnen auch ein verurteilter Kleinkrimineller, der es witzig fand, Hitler-Selfies mit Bärtchen und Scheitel zu posten; andere Pegida-Protagonisten konnten ihre Ressentiments in Talkshows vor einem Millionenpublikum verbreiten.

SCHULZ VON THUN: Wenn Menschen auf die Straße gehen und meinen, sie müssten das Abendland gegen Fremdeinflüsse verteidigen, dann würde ich darin nicht gleich die pure Bosheit oder die totale Verblendung sehen wollen, selbst dann nicht, wenn hasstriefende Plakate und widerwärtige Rhetorik dies zuweilen allzu nahe legen. Welche Angst, welcher existenzielle Schmerz steckt dahinter und wird mithilfe von unbändiger Wut betäubt? Dies herausfinden zu wollen, halte ich für unbedingt geboten. Denn was da im Argen liegt, hat gewiss nicht nur eine individualpsychologische Dimension, sondern auch eine politisch-gesellschaftliche. Es wäre weder menschlich noch professionell zu sagen: »Wir verweigern diesen armen Irren die Aufmerksamkeit, auf die sie so erpicht sind!« Das wäre eine Ignoranz im Tarnanzug der Arroganz – und in einer Demokratie keine wirkliche politische Option, oder?

PÖRKSEN: Stimmt, aber mir geht es um die Art und Weise der Auseinandersetzung, denn in der Summe würde ich sagen: Man warb viel zu lange und viel zu pauschal für das Miteinander-Reden und wollte um alles in der Welt »die Sorgen der Menschen ernst nehmen«, so eine Standardformel, die dem Gespräch noch zusätzlich einen therapeutischen Touch gab.

SCHULZ VON THUN: Ja, richtig: Durch hundertfache Wiederholung wurde das zu einer Standardfloskel, die man irgendwann nicht mehr hören konnte. Aber war der Grundimpuls hinter dieser Floskel falsch? Als der Vizekanzler und Außenminister Sigmar Gabriel überraschend nach Dresden fuhr, habe ich mit ihm sympathisiert. Aber ich will zunächst noch einmal nachfragen: Könnten Sie Ihre Einwände noch weiter ausführen?

Stufen der Selbstklärung

PÖRKSEN: Mein Punkt ist: Der Dialog war hier zu einer bloßen Beschwichtigungsgeste mutiert, einem Schaulaufen mit schönen Worten. Aus meiner Sicht lieferten diese diffusen Annäherungsversuche – eben viel zu häufig ohne die klärende Konfrontation, ohne das eigene Bekenntnis, ohne die Bereitschaft zur gebotenen Auseinandersetzung mit ideologischen Verhärtungen – einfach nur eine Bühne. Man rollte den Pegida-Anführern den roten Teppich aus. Und auf diesem tummelten sich dann Fremdenfeinde und Verschwörungstheoretiker und Menschen, die es in Ordnung fanden, Journalisten Gewalt anzudrohen, Andersaussehende und Andersdenkende zu diffamieren.

SCHULZ VON THUN: Selbstverständlich gibt es eine Eskalationsstufe und ein Maß an Verhärtung und Gewaltbereitschaft, bei dem es völlig unangemessen wäre, noch nach der Teilwahrheit in der Position des Gegenübers zu suchen und sie zu würdigen. Denn die Ehrwürdigkeit meines Gegenübers hängt nicht (nur) von seinen Zielen ab, sondern auch und nicht zuletzt von der Zivilität seines Auftretens und von der Wahl seiner Mittel. Und es kann der Moment kommen, wo die Chance einer menschlichen Begegnung auf Augenhöhe verspielt ist. Aber werfen Sie die Flinte ... – hätte ich fast gesagt – nein: werfen Sie die Pflugschar nicht zu früh ins Korn!

PÖRKSEN: Sondern? Was empfehlen Sie, wenn Ihnen die Position Ihres Gegenübers befremdlich, absurd und niveaulos vorkommt, womöglich auch unmenschlich und kriminell?

SCHULZ VON THUN: In dem Bemühen, Grenzen zu setzen und Brücken zu bauen (beides!), hilft mir die klare Unterscheidung von Verstehen, Verständnis und Einverständnis. Es lohnt sich, den anderen *verstehen* zu wollen – im Sinne von: Ich will erst mal nur verstehen, wie es gemeint ist und aus welcher Ecke der Wind weht –, ganz unabhängig davon, ob ich dem etwas abgewinnen kann. Darüber hinaus kann ich für die Sichtweise des anderen eventuell auch *Verständnis* aufbringen, im Sinne von: Ich halte es für möglich und für menschlich, dass man in Ihrer Situation so denkt, fühlt und handelt – auch wenn ich selber dieser Haltung nicht zustimmen kann. Das heißt: Verständnis ja, aber kein *Einverständnis!*

PÖRKSEN: Mögen Sie diese Unterscheidung noch genauer erläutern, vielleicht erneut am Beispiel der Pegida-Bewegung, die zu ihren Hoch-Zeiten in Dresden bis zu 20 000 Menschen auf die Straße brachte? Sie erweitern hier ja eine Leitformel der Kommunikationspsychologie, ein klassisches Mantra für Dialogiker, das da heißt: *Verstehen heißt nicht einverstanden sein!* Und Sie gehen über diese binäre Unterscheidung von Verstehen und Einverständnis hinaus und verwandeln die Reaktion auf eine andere Auffassung in ein Dreistufenschema.

SCHULZ VON THUN: Das ist der Grundgedanke, genau. Beim Verstehen geht es um die Sinndeutung, geleitet von der Frage: Was sagen oder rufen die anderen gerade? Wie ist es überhaupt gemeint? Was treibt sie um, was treibt sie auf die Straße? Diese Stufe ist obligatorisch, ich sollte versuchen, erst einmal nur zu verstehen, auch im Falle von Pegida. Denn um zu klären, ob sich das Miteinander-Reden lohnt, gilt es zunächst zu begreifen, welche Auffassungen das Gegenüber sachlich-inhaltlich vertritt. Schwieriger wird es dann im Falle der zweiten Stufe: Kann und will ich dafür auch *Verständnis* aufbringen? Hier würde jetzt das einfühlsame Herz dazukommen und das Signal an das Gegenüber, dass ich ihn wegen seiner Haltung nicht als Mensch verurteile und ihm nicht die Ehrwürdigkeit abspreche, auch wenn ich entschieden anderer Meinung bin.

PÖRKSEN: Ich bleibe skeptisch, denn ich werde die Bilder aus Dresden nicht los, habe die Wut- und Hassgesänge mancher Demonstranten noch im Ohr. Und doch: Wie könnte ein solches Verständnis im Falle von Pegida aussehen?

SCHULZ VON THUN: Die Fragen an mich selbst wären: Kann ich es nachempfinden, dass Menschen, deren Lebenslauf womöglich einem glücklosen Schicksal unterworfen war, deren Leistungen weithin keine Anerkennung gefunden haben, die den Anschluss an die globalisierte Weltentwicklung verpasst haben oder den Optimismus nicht teilen, dass dies eine gute Sache sei – kann ich es nachempfinden, dass Menschen, die sich kulturell als abgehängt empfinden, denen aber immerhin ihr Deutschsein einen existenziellen Stolz begründet und deren heimatliche Verwurzelung Geborgenheit bedeutet – kann ich es nachempfinden, dass solche Bürger in Wut geraten, wenn ausländische Immigranten und Flüchtlinge in großer Zahl ins Land kommen, womöglich um Arbeitsplätze konkurrieren? Und wenn der gesellschaftliche Kraftakt der Integration von Immigranten gilt (»Wir schaffen das!«) und ihre eigene Integration (gefühlt) auf der Strecke bleibt? Vielleicht kann ich dafür Verständnis aufbringen – oder eben auch nicht. Und *wenn* ich es kann, dann muss ich mir klarmachen: Damit ist keineswegs automatisch ein *Einverständnis* mitgegeben. Ob ich ganz oder teilweise einverstanden bin, das steht auf einem anderen Blatt, sozusagen auf dem dritten Blatt! Auch wenn ich eine nachvollziehbare Not hinter der Wut erkenne und anerkenne, kann ich die gewaltaffinen Hasstiraden aufs Schärfste verurteilen, kann ich den Nationalstolz verabscheuen.

PÖRKSEN: Das heißt für mich, der ich in unserem Gespräch stärker für die abgrenzende Konfrontation plädiere: Ihre Dreistufenlehre kann – im Sinne einer geklärten und dann auch klaren Kommunikation – auch dazu taugen, die eigene Position schärfer herauszuarbeiten. Ja, man muss verstehen, was diese Leute sagen. Aber sollte man auch Verständnis haben? Vielleicht, manchmal auch nur in homöopathischer Dosierung. Aber ist es geboten, Einverständnis zu signalisieren? Ich glaube kaum. Denn es wäre, so meine ich, unbedingt nötig gewesen, die Bedingungen einer öffentlichen Debatte präziser zu formulieren und klarer zu sagen: »Ja, ich habe begriffen, was ihr sagt! Ja, es mag hier auch Demonstranten geben, die keine Rassisten sind. Aber ich halte die Gewaltdrohungen gegenüber Journalisten, die Verbalattacken auf Ausländer und Andersdenkende für indiskutabel. Und wenn ihr Verschwörungstheoretikern ein Mikrofon gebt oder einen Schriftsteller sprechen lasst, der auf dem Marktplatz in Dresden bedauert, dass die Konzentrationslager leider außer Betrieb sind, dann gibt es keinen Dialog. Dann ist dieser Dialog gescheitert, bevor er begonnen hat. Dann möchte ich ihn auch gar nicht führen. Denn dann wäre jedes Signal in Richtung von Verständnis oder gar Einverständnis grundfalsch.«

SCHULZ VON THUN: Bei diesem Beispiel wäre mir wohl auch nicht nach Dialog zumute. Das liegt so weit jenseits meiner Toleranzgrenze, dass ich einen Brückenbau für aussichtslos und geradezu absurd halten würde. Insofern haben Sie recht:

Bevor ich auf Dialog schalte, sollte ich immer prüfen, ob die Voraussetzungen dafür überhaupt vorliegen. Wahrscheinlich unterscheiden wir uns in der Strenge, mit der wir solche Voraussetzungen definieren. Wenn Sie den Dialog an strenge Voraussetzungen binden, haben Sie den Vorteil der Eindeutigkeit Ihrer entschiedenen Ablehnung. Allerdings auch den Nachteil, dass ein »Wandel durch Annäherung«, den Egon Bahr (in ganz anderem Kontext der Ostpolitik von Willy Brandt) im Sinne hatte, von vornherein unmöglich bleibt. Sie erklären dann den Dialog für gescheitert, bevor er begonnen hat, genau wie Sie sagen. Wahrscheinlich um dem aus Ihrer Sicht verirrten und gefährlichen Gegner kein Forum zu bieten?

PÖRKSEN: Absolut. Und das bedeutet, dass mir manche Dialogofferte illusorisch erscheint, die von der Prämisse ausgeht: *Lasst uns doch reden, und dann wird alles gut!* Es ist nicht besonders angenehm, sich dies einzugestehen, aber zu einer gelingenden gesellschaftlichen Debatte gehört in einer offenen Gesellschaft auch ein demokratischer Minimalkonsens und die Ächtung und Ausgrenzung der Positionen, die diesen Minimalkonsens verletzen. Diese Intoleranz gegenüber der Intoleranz ist keine schöne oder elegante Lösung, aber sie erscheint mir notwendig.

SCHULZ VON THUN: Situativ kann das eine kluge Entscheidung sein, gar keine Frage. Aber allgemein gesprochen würde ich doch davor warnen, allzu rasch die eigene Auffassung mit dem Adelsprädikat der Vernunft und der höheren Moral zu versehen – und die Gegenseite in den dunklen Keller des Teufels zu verorten, nach dem Motto: »Das sind gefährliche Spinner, Rassisten und Populisten, die da brüllend auf die Straße gehen. Sie sind es nicht würdig, dass man mit ihnen spricht!«

PÖRKSEN: Das ist eine Aufforderung, möglichst genau hinzuschauen, die Anhänger und diejenigen, die vielleicht nur mitlaufen, nicht für die Hetzreden der Anführer in Geiselhaft zu nehmen. Das wäre vielleicht ein tragfähiges Postulat auf dem Weg zu einem differenzierten Dialog: »Unterscheide Anführer und Mitläufer. Und konfrontiere die Protagonisten! Und höre denjenigen, die vielleicht nur aus einem diffusen Unbehagen und Verzweiflung dabei sind, erst einmal zu!«

SCHULZ VON THUN: Kommt drauf an. Wenn ich Journalist wäre, würde ich auch den Protagonisten und Protagonistinnen gut zuhören und *auch*, aber nicht *nur* konfrontieren. Und gerade wenn ich jemanden bekämpfen will, sollte ich ihn zumindest gut verstanden haben, oder?

PÖRKSEN: Im Grundsatz schon. Und natürlich stimmt es, dass sich Begriffe wie *Rassist*, *Verschwörungstheoretiker* und *Neonazi* diffamierend verwenden lassen, um sich dann in einem moralischen Selbstgenuss über andere zu erheben. Und doch muss man eben auch konstatieren: Es gibt Ausländerfeinde, Rassisten, Verschwörungstheoretiker und Neonazis, die tatsächlich gefährlich sind, weil sie Propaganda verbreiten oder anderen Gewalt antun. Das Kriterium, das darüber entscheidet, ob diese Begriffe stigmatisierend oder analytisch gebraucht werden, ist doch, ob man sich ausreichend auskennt und umfassend genug recherchiert hat. Anders gesagt: Hat man sich mit denjenigen, die da bei Pegida den Anführer geben, beschäftigt, oder wählt man dieses Vokabular nur zum Zwecke der leichten und leichtfertigen Diffamierung? Meine Sorge ist, dass das öffentliche Gespräch …

SCHULZ VON THUN: ... eine falsche Aufwertung des politischen Gegners darstellt, den man besser nicht übertrieben ausführlich zu Wort kommen ließe, richtig? Tatsächlich ergibt sich hier ein weiteres Dilemma, zumal im öffentlichen Raum. Oft wird schon der zaghafte Versuch des Verstehens als Einverständnis und Sympathiekundgabe oder doch mindestens als eine unnötige mediale Aufwertung skandalisiert. Dem kann man nur versuchen, mit einer möglichst klaren Sprache zu begegnen, um die Dialektik von Annäherung und Abgrenzung zu erhalten, die die Position des anderen zwar scharf ablehnt, aber ihn auch nicht gleich in die Ecke des Teufels sperrt.

PÖRKSEN: Das hieße, dass sich Ihr Dreierschema auch verwenden ließe, um auf offener Bühne für klärende Distanz zu sorgen, zum Beispiel folgendermaßen: »Ich bin der Auffassung, dass es falsch ist, mit Rassisten öffentlich zu diskutieren, dies in aller Klarheit vorweg. Denn man würde dann so tun, als handele es sich um eine mögliche Meinungsäußerung unter vielen. Ich weiß aber noch nicht genau, wie Ihre Position aussieht. Und ebendeshalb möchte ich Genaueres erfahren. Noch einmal: Es ist keine Sympathieerklärung, wenn ich Sie frage, gegen wen oder was sich Ihre Demonstrationen richten.«

SCHULZ VON THUN: Für einen Dialog wäre das kein guter Beginn. Aber wahrscheinlich ist die Situation, die Ihnen vorschwebt, gar nicht für einen Dialog geschaffen, sondern für ein öffentliches Gefecht. Und Ihnen liegt daran, den Sympathieverdacht von vornherein im Keime zu ersticken, der Ihnen droht, wenn Sie sich auf ein Gespräch mit jemandem einlassen, der als Rassist bekannt ist. Denn Sie befinden sich in einem kommunikativen Dreiecksverhältnis mit einem doppelten Adressaten: dem Gegenüber und der Öffentlichkeit.

PÖRKSEN: Das ist so, ja. Und damit in Ihre Richtung gefragt: Was würden Sie tun, wie würden Sie vorgehen?

SCHULZ VON THUN: Ich würde es in dem Fall eher vorziehen, diesen Sympathieverdacht dadurch zu zerstreuen, dass ich die Position des Gegners, sobald ich sie verstanden und nachvollzogen habe, heftig und deutlich kritisiere. Ob das freilich gelingt? Vielleicht könnte man folgendermaßen formulieren: »Bevor ich Ihnen wahrscheinlich heftig widersprechen muss, würde mich doch interessieren, wofür und wogegen Sie eintreten und von welchen Argumenten Ihre Haltung getragen ist!« – Wie auch immer, eine Dialogbereitschaft enthält bereits eine minimale Würdigung des Gegenübers, enthält eine Beziehungsentscheidung *für* ein Gespräch mit ihm, mit ihr. Das kann Ihnen immer als klammheimliche Sympathie oder als Wackeligkeit in der eigenen Position ausgelegt werden. Im öffentlichen Raum wird um Einfluss gekämpft. Die Regeln des Kampfes (den Gegner schwächen!) und die Regeln des Dialogs (Verständigung, Wahrheitsfindung zu zweit!) sind nicht identisch. In einer Talkshow zum Beispiel geraten diese Regeln in eigenartiger Weise aneinander.

Talk als Show

PÖRKSEN: Stimmt, ja. Und damit betreten wir nun endgültig ein neues Problem- und Themenfeld: Denn das öffentliche Sprechen ist notwendig strategischer Natur. Und es wäre natürlich einigermaßen naiv, allzu spontan und in einer Stimmung neugieriger Offenheit in eine Talkshowdiskussion einzusteigen, um einfach einmal zu schauen, was dann so passiert. Damit stellt sich die Frage, ob die Doppelbewegung von Annäherung und Abgrenzung und Überraschungsbereitschaft auf dem Weg zu einem echten Dialog, für den wir hier prinzipiell werben, im Licht der Kamerascheinwerfer überhaupt realistisch ist.

SCHULZ VON THUN: Das ist ein guter Punkt, schon allein deshalb, weil jeder weiß, dass sich ein paar videodokumentierte Sätze aus dem Kontext reißen und dann multiplizieren lassen. Erneut wird damit deutlich, dass gelingende Kommunikation die Klärung der Frage voraussetzt: Was ist die Wahrheit der Situation? Worauf kommt es hier an? Was verlangt mir diese Situation in meiner gegenwärtigen Rolle und in diesem spezifischen Kontext ab? Wenn die situative Wahrheit darin besteht, dass ich in der Form einer direkten Auseinandersetzung mit dem politischen Gegner versuche, die Zustimmung eines Millionenpublikums zu gewinnen, dann ist dies für einen wirklichen Dialog kaum eine geeignete Konstellation. Eine gemeinsame, ins Offene weisende Suche nach der »Wahrheit, die zu zweit beginnt« würde die situative Tatsache ausblenden, dass der eigentliche Adressat das Publikum ist – noch dazu ein Publikum, das zum Teil darauf aus ist, den Gewinner nach Punkten zu bestimmen.

PÖRKSEN: Ich kann hier – eine Illustration eigener Naivität – ein Erlebnis beisteuern, das zeigt, in welchem Maße öffentliche Auftritte durch strategische Überlegungen kontaminiert sind. Einmal lud man mich in eine der großen Talkshows ein, um das Skandal-Spektakel um den einstigen Bundespräsidenten Christian Wulff zu kommentieren. Wulff hatte als niedersächsischer Ministerpräsident den Landtag getäuscht oder doch zumindest ein wenig getrickst, als er nach den Geschäftsbeziehungen zu Egon Geerkens gefragt wurde, einem Unternehmer, mit dem er befreundet war. Und er wurde nach ersten Veröffentlichungen über seinen Auftritt vor dem Landtag von den Medien bis zu seinem Rücktritt über Wochen und Monate als Schnäppchenjäger attackiert und mit immer neuen Detailenthüllungen verfolgt. Hatte er sich ein Bobby-Car für seinen Sohn schenken lassen? Wie war er an ein Upgrade eines Flugtickets herangekommen, wer hatte ihm seine Urlaubsreisen und Hotelkosten bezahlt? All das wollten Journalisten wissen. Gewiss haben Sie den Fall damals verfolgt?

SCHULZ VON THUN: Oh ja, ich erinnere mich gut an den skandalisierungslüsternen Übereifer vieler Medien und an meine eigene, merkwürdige Gefühlsmischung in diesem Spektakel. Ich war gleichermaßen abgestoßen und fasziniert, fand einerseits, dass dem Präsidenten in unverhältnismäßiger Weise unrecht geschah, er andererseits aber auch selbst manchen Anlass für Nachfragen provoziert hatte, und konnte schließlich meinen Blick von diesem Drama auch nicht abwenden, fühlte mich in meiner eigenen klammheimlichen Lust am Skandal ertappt, wenn ich wieder und wieder den Fernseher einschaltete, um alles mitzukriegen. – Aber mögen Sie mit Ihrem Talkshow-Erlebnis fortfahren?

PÖRKSEN: Gerne, ja. Meine These war auf dem Weg in diese Sendung: Die Mediengesellschaft kann mit Ungewissheit, der Uneindeutigkeit und den Grauzonen nicht umgehen, reagiert auf sie in grausamer und brutaler Weise, weil man unendlich nachbohrt, sich in kleinlichen Pseudo-Enthüllungen verliert, immer auf der Suche nach letzter Klarheit über das Verhalten und den Charakter jenes Menschen, der da am Pranger steht. Und Christian Wulff ließ in seinen Einlassungen und Rechtfertigungsversuchen vieles viel zu lange im Unklaren. Ebendeshalb ist er kein Opfer der Medien, denn er hat selbst entschieden dazu beigetragen, dass diese Ungewissheit bestehen blieb und die Grauzonen nicht aufgehellt werden konnten. – Ich gehe also in diese Talkshow, nur diese eine Idee im Gepäck. Bevor die Sendung beginnt, steht man hier noch ein bisschen zusammen. Und ein bekannter Rechtsanwalt, der auch als Gast eingeladen ist und den ich kenne, fragt mich leutselig: »Pörksen, was ist Ihre These?« Und ich erläutere ihm im Detail, was ich mir so überlegt habe. Dann leuchten die Lichter der Kamera auf. Und noch bevor ich irgendeine Einschätzung liefern kann, referiert dieser Anwalt mehr oder minder in meinen Worten meine Ideen. Verstehen Sie, was hier los war?

SCHULZ VON THUN: Ich denke schon. Sie haben, vorsichtig formuliert, die Wahrheit der Situation und das Konkurrenzverhältnis zwischen Ihnen und diesem Anwalt verkannt. Und haben sich, verführt durch die Bekanntschaft mit ihm und die dadurch gegebene menschliche Nähe, vertrauensselig offenbart.

PÖRKSEN: So ist es, ja. Und das Interessante war für mich: Der Anwalt war mit einem befreundeten Journalisten angereist, der im Publikum saß. Und der mich nach der Sendung aufklärte, was ich überhaupt nicht verstanden hatte. Er und ich seien doch in dieser Talkshow für die gleiche Rolle gebucht, nämlich in der des Experten, der Einschätzungen liefert, Metakommentare produziert. Und indem er meine Gedanken mehr oder minder wortgleich aufsagte, wäre mir die Möglichkeit genommen, durch irgendwelche originellen Einfälle und Einschätzungen zu brillieren. Kurzum: Es ging ihm um Verunsicherung im Kampf um Redeanteile und Fernsehpräsenz. Dieses Erlebnis hat mir eines deutlich gemacht: Wer öffentlich redet, handelt strategisch. Und wer dies, wie ich, nicht begreift, der verliert.

SCHULZ VON THUN: Hätte mir wahrscheinlich auch passieren können. Wir gehören womöglich beide zu den Menschen, denen es im vertrauensvollen Nahkontakt warm ums Herz wird, die alles tun, um ein gutes Miteinander zu fördern. Wir Nähe-Menschen sind in Gefahr, den Charakter einer Situation falsch einzuschätzen, in der es eben nicht nur um »ein gutes Miteinander« geht, sondern auch um Punktgewinn im Wettbewerb, um Reputation und Macht. Und zudem sind wir auch in Gefahr, die Integrität und Fairness unseres Gegenübers als selbstverständlich vorauszusetzen – und sind dann auf böse Überraschungen schlecht vorbereitet.

Dilemma versus Problem

PÖRKSEN: Ich fand das außerordentlich lehrreich, weil selbst in dieser eigentlich ganz unspektakulären Mini-Szene greifbar wird, in welchem Maße das Licht der Öffentlichkeit die Kommunikation verändert. Damit liegt die pessimistische Schlussfolgerung nahe, dass der Zwang zur strategischen Positionierung den wirklichen Dialog, der zumindest eine minimale Anerkennung und Würdigung des Gegenübers impliziert, unvermeidlich zerstört, ihm die Basis raubt, weil das eigene Wirkungskalkül allzu sehr dominiert. Und das hieße im Extremfall: Das öffentliche Gespräch degeneriert unvermeidlich zur Show.

SCHULZ VON THUN: Jedenfalls gilt: Je dominanter dieses Kalkül im öffentlichen Kontext wird und je mehr das Gespräch zum »Schlagabtausch« wird in einer Arena, die man als Punktsieger verlassen will, umso mehr muss der ideale Dialog zum Erliegen kommen. Aber selbst in einer solchen Arena ist es möglich – und wie ich finde: angeraten –, dialogische Haltungen und Verhaltenskomponenten zu verwirklichen, ohne die angestrebte Wirkung auf das öffentliche Publikum aufs Spiel zu setzen. Zum Beispiel die Unterstellung von ehrenwerter Menschlichkeit in der Person des Gegners, zum Beispiel die kritische Würdigung seiner Argumente, zum Beispiel die Einräumung von Schwächen, die dem eigenen Standpunkt innewohnen könnten, zum Beispiel die punktgenaue Anknüpfung an das vorgebrachte Argument des Gegners, zum Beispiel das Bemühen, eine integrale Wahrheit aus den verschiedenen Perspektiven zu erkennen. Die gute Zusammenführung von Professionalität und Menschlichkeit im Hinblick auf Dialogkompetenz wird seine Wirkung nicht verfehlen – außer bei denjenigen Schlachtenbummlern, die ihren Triumph am leidenschaftlichsten dann empfinden, wenn der Gegner möglichst schlagfertig und grobschlächtig in die Pfanne gehauen wird.

PÖRKSEN: Das leuchtet mir ein. Manchmal ist jedoch auch das Dialogangebot selbst pure Show, ein Anlauf zur argumentativen Überwältigung und ein Trick zur Inszenierung eigener geistiger Überlegenheit. In der Vorbereitung auf dieses Gespräch habe ich das Buch *Mit Rechten reden* gelesen, ein Leitfaden für die Debatte mit Rechtsintellektuellen und Rechtspopulisten, der breit diskutiert wurde. Aufschlussreich war für mich, dass ich die politischen Ansichten der Autoren teile, aber mir das ganze Buch als eine Art Titelbetrug erscheint. *Mit*

Rechten reden heißt eigentlich, wenn man genauer liest: ihnen klarmachen, dass sie mit den Gesetzen der Logik nicht vertraut sind, Märtyrer- und Opfermythen verbreiten, von pathologischen Ängsten geschüttelt werden und nicht einmal sagen können, was das eigentlich sein soll, die Substanz des deutschen Volkes, für deren Erhalt sie so entschieden kämpfen. Das mag alles zutreffen; ich persönlich halte die alte und neue Rechte für eine im Grundsatz rückwärtsgewandte Bewegung. Sie verherrlicht eine Vergangenheit, die es nie gab, und sie beschwört eine Welt vor der Globalisierung, die es nie mehr geben wird. Aber darum geht es nicht, mein Punkt ist ein anderer: Eigentlich sollte dieses Buch *Rechte effektiv in die Ecke drängen* heißen.

SCHULZ VON THUN: Gut, der Titel ist dann ein Etikettenschwindel, das würde ich auch sagen. Und die Gefahr sehe ich auch, dass der heimliche Lehrplan ein ungutes Dialogverständnis befördert. Gleichzeitig kann ein solches Buch trotzdem auch nützlich sein. Denn die Fähigkeit, Schwächen und Ungereimtheiten, ethische Fragwürdigkeit oder eklatante Uninformiertheit im Standpunkt des politischen Gegners zu erkennen und rhetorisch prägnant und kraftvoll, gewiss manchmal auch polemisch, auf den Punkt zu bringen – diese Fähigkeit gehört *auch* zu den Schlüsselkompetenzen politischer Kommunikation. Wenn sie sich darin erschöpft, scheitert der Dialog. Wenn sie aber eingebettet ist in eine dialogische Haltung und in ein breites Spektrum dialogischer Kompetenzen, dann ist sie durchaus unverzichtbar.

PÖRKSEN: Erneut kehren wir damit zu dem dialektischen Wechselspiel von Akzeptanz und Konfrontation zurück, das die dialogische Haltung ausmacht. Und man muss sich für das richtige Mischungsverhältnis entscheiden. Will man den politischen Gegner vor allem kritisieren? Oder gilt es – ohne die Differenz auszublenden –, sich erst einmal auf die Gedankenwelt des Gegenübers einzulassen? Beide Herangehensweisen tragen das Risiko des Scheiterns in sich.

SCHULZ VON THUN: So ist es. Wer im Umgang mit alten und neuen Rechten, angeblichen oder tatsächlichen Extremisten ein tatsächlich ernst gemeintes Dialogangebot formuliert, der steht unvermeidlich vor der heiklen Aufgabe, die Vor- und Nachteile abzuwägen, hier passend zur eigenen Person und Rolle eine stimmige Position zu suchen, die dann auch zum Kontext passt. Ich würde sagen: Hierbei handelt es sich um ein Dilemma, das sich eben gerade nicht risikolos auflösen lässt.

PÖRKSEN: Mögen Sie diesen Gedanken ausführen?

SCHULZ VON THUN: Ja, dahinter steht die wichtige Unterscheidung von Problem und Dilemma. Probleme sind manchmal in dem Sinne lösbar, dass das Problem danach behoben ist – wenn man es nur richtig anstellt. Im Problemschach gibt es verzwickte Stellungen, in denen man den Gegner matt setzen kann, wenn – ja wenn! – man den richtigen Zug findet. Oder wenn mein Auge sich entzündet hat, weil ein Fremdkörper eingedrungen ist, dann ist dieses Problem nach fachärztlicher Beseitigung des Fremdkörpers bald behoben. Aber gerade bei Krankheiten geraten Ärztin und Patient häufig in ein Dilemma hinein: Die Behandlung A (zum Beispiel Operation) enthält Risiken und Nachteile, die Behandlung B (zum Beispiel Medikamente) bringt womöglich, wahrscheinlich oder ganz sicher andere Gefährdungen mit sich. Jede Lösung hat ihre Risiken und Nebenwirkungen, hat neue Probleme im

Schlepptau. Daher ist bei allen Entscheidungen zunächst einmal zu klären: Haben wir ein Problem, oder stecken wir in einem Dilemma? Leider ist bei den großen Fragen der Gesellschaft, des Lebens und der Kommunikation meistens Letzteres der Fall. Das erfordert dann eine andere Art des Nachdenkens und eine Bewusstheit davon, dass es nicht »die« Lösung gibt, die eindeutig richtig ist – wenn es der Gegner doch nur begreifen würde! Sondern in jedem Fall bleibt man dem einen oder anderen Ziel, dem einen oder anderen angestrebten Wert etwas schuldig. – Verstehen Sie, worauf ich hinauswill?

PÖRKSEN: Ich denke schon. Meine Anschlussfrage lautet: Können wir die Vor- und Nachteile der Dilemmata, mit denen wir hier ringen, präziser bestimmen? Mich elektrisiert, was Sie sagen, weil es möglich wird, unsere eigene Suchbewegung noch einmal auf eine andere Art und Weise zu betrachten. Wir können diagnostizieren: Es gibt im öffentlichen Raum und zumal im Umgang mit Extremisten unterschiedlicher Couleur ein grundsätzliches *Dialog-Dilemma* – debattiert man mit jemandem, mit dem man vielleicht besser gar keine Diskussion führen sollte, weil man schon durch die Einladung und die Zuwendung im Gespräch seine Position aufwertet?

SCHULZ VON THUN: Oder lässt man es deshalb bleiben und verweigert das Gespräch – dann muss man damit leben, dass sich der Gegner exkommuniziert und entwertet fühlt, dass sich Fronten verhärten und Feindschaften eskalieren. Und dass eine Gelegenheit verspielt wird, den rechten Populismus als eine Herausforderung zu begreifen. Diese besteht darin, den eigenen Gegenstandpunkt faktengetreu und humanistisch wertegeleitet zu entwerfen, ihn spruchreif und vernehmbar werden zu lassen.

PÖRKSEN: Es gibt, auch das wird mir deutlich, ein *Verständnis-Dilemma* im Umgang mit Menschen, deren Positionen man für falsch und vielleicht auch für gefährlich hält. Hier geht es um das Bemühen, die Motive des anderen zumindest zu begreifen, die Kräfte zu verstehen, denen er sich ausgesetzt sieht. Die Gefahr: Das Bemühen, zu verstehen und Verständnis zu entwickeln, kann, zumal im Medium der Öffentlichkeit, wie eine Sympathiekundgabe wirken, die den Eindruck falscher Legitimität einer Position erzeugt. Man hört dann zu, versucht sich einzufühlen, lässt die Geste der Abgrenzung vermissen. Aber auch das wäre nur die eine Seite ...

SCHULZ VON THUN: ... ja, das Bemühen um Verstehen und Verständnis wird von dritter Seite (auch von den eigenen Leuten) schnell als Herzensnähe ausgelegt – wir kamen schon darauf. Diese Verwechslung von Empathie mit Sympathie kann dazu führen, dass ich in der Außenwahrnehmung in die falsche Ecke gerate. Und tatsächlich, je mehr Verständnis ich für die Position eines anderen gewinne, umso mehr bin ich psychologisch in der »Gefahr«, meinen gut verhärteten eigenen Standpunkt aufzuweichen, plötzlich ambivalenter aus dem Dialog herauszukommen, als ich hineingegangen bin. Um diesen Verlust der Eindeutigkeit in der eigenen Haltung gar nicht erst zu riskieren und um mich einem Sympathieverdacht im Medium der Öffentlichkeit gar nicht erst auszusetzen, vermeide ich von vornherein den Modus des Verstehen-Wollens und erst recht des Verständnis-Aufbringens – ein Grund, warum der Dialog auf der Strecke bleibt, warum echte, ehrliche und respektvolle Auseinandersetzungen so selten sind.

PÖRKSEN: Und schließlich gibt es, auch das lässt sich jetzt konstatieren, ein *Authentizitäts-Dilemma* im öffentlichen Raum. Hier lautet die Frage: Positioniert man sich primär strategisch und im Blick auf den Publikumseffekt, den äußeren Kreis der Adressaten? Das könnte bedeuten, dass man die eigenen Gedanken und Gefühle ignoriert, sich in opportunistischer Weise verrenkt, eben gerade nicht authentisch formuliert, sondern sich anpasst und dabei selbst verliert ...

SCHULZ VON THUN: ... und dass damit der wahrhafte Mensch hinter dem wirkungsbedachten Kalkül verloren geht, nicht mehr spürbar ist. Auf der anderen Seite sieht man den wahrhaften Menschen, ganz in Übereinstimmung mit sich selbst, vielleicht sogar noch Einblick gebend in seine Seelenwelt, unbedacht im Hinblick auf die Wirkung seiner Worte. Der den Charakter der Situation zu verfehlen droht, ebenso wie die Aufgabe, die in seiner Rolle enthalten ist. – Das Tückische ist, dass beide sich angreifbar machen: der oder die eine wird als seelenloser Apparatschik vorgeführt, der oder die andere als unprofessionelles Weichei (genauer: »Rührei«, wegen der erwiesenen Berührbarkeit).

PÖRKSEN: Das heißt im Sinne einer erneuten Zwischenbilanz: Wer in einem Dilemma entscheidet, muss stets mit unerwünschten Folgen rechnen. Und diese gilt es zu kalkulieren, um mit möglichst hellem Bewusstsein die eine oder die andere Seite zu wählen, die widersprüchlichen Anforderungen auf eine möglichst reflektierte Art und Weise auszubalancieren. Man ist für diese Wahl und den konkreten Umgang mit dem Dilemma verantwortlich, die einem niemand abnehmen kann und die einen unvermeidlich mit den Folgen der eigenen Entscheidung verknüpft. Es ist eine Verantwortung höherer Ordnung, die sich hier zeigt. In der Bearbeitung von Problemen bewege ich mich hingegen eher auf ausgetretenen Pfaden, wende erprobte Schemata an, wähle Lösungen, die sich einfach kopieren lassen. Sehen Sie das auch so?

SCHULZ VON THUN: Nicht unbedingt. Manchmal kann für ein Problem eine ganz neuartige Lösung gefunden werden. Aber ansonsten stimme ich Ihnen zu. Wenn ich ein Dilemma als solches erkenne, dann habe ich eher die Chance, eine stimmige, kontextadäquate Strategie zu erfinden, ohne die falsche Sehnsucht, dass es mir gelingen könnte, Nachteile auszusparen und ein Risiko zu vermeiden. Handelt es sich, so gilt es sich zunächst zu fragen, um ein Problem, für das es vielleicht nur eine gute Lösung gibt? Oder agiere ich innerhalb des Dilemma-Paradigmas, dessen Auflösung unvermeidlich Nachteile enthält? Beide Modi müssen wir zur Verfügung haben, und die Untersuchung, was im konkreten Fall vorliegt, ist überaus ratsam.

PÖRKSEN: Und wir können, diese begriffliche Unterscheidung im Bewusstsein, festhalten, was der Denk- und Kategorienfehler all jener Beratungs- und Coachingangebote ist, die mit großer Geste Tipps und Tricks der Kommunikation verkünden, endgültige Lösungen, die scheinbar in allen Fällen gelten. Sie definieren ein Dilemma fälschlich als Problem, liefern Checklisten auf dem Weg zur vermeintlichen Perfektion und versprechen eine situationsunabhängige Effektivität. Hier wählt man dann einen Pfad der Lösungssuche, der schlicht nicht angemessen ist. Und man suggeriert eine Alternativlosigkeit der Antworten, die es nicht geben kann.

SCHULZ VON THUN: Und genau darum betone ich vehement und wiederholt das Primat der Stimmigkeit, das ein Meta-Ideal darstellt: Kommuniziere und handle so, dass du den Erfordernissen der jeweiligen Situation gerecht wirst *und* dass das Gesagte dir und deiner inneren Wahrheit entspricht! Und wenn du bei der Situationsanalyse feststellst, dass ein Dilemma gegeben ist, dann mache dir bewusst, welche gegenläufigen Werte tangiert sind und ausbalanciert werden müssen, zum Beispiel Ehrlichkeit und Respekt, zum Beispiel Empathie und Abgrenzung, zum Beispiel Offenheit und Diskretion, zum Beispiel robuste Professionalität und menschliche Berührbarkeit. Dieses Konzept der Stimmigkeit spuckt keine Rezepte und keine Lösung aus, sondern gibt eine doppelte Suchrichtung vor: Worin liegt denn das Erfordernis der Situation (und womöglich sind es mehrere Erfordernisse, die ein Dilemma hervorbringen), und wofür stehe ich? Wie kann ich so reden und handeln, dass in meinen Worten und Taten meine innere Wahrheit hindurchscheint und kraftvoll auf den Punkt kommt?

Ausgang aus der selbst verschuldeten Ruhelosigkeit

PÖRKSEN: Wenn wir nun – geschult in der Analyse von Dilemmata – die medialen Bedingungen betrachten, die jeden Versuch und jede Anstrengung des Miteinander-Redens prägen, dann fällt eines auf: Der Siegeszug der Smartphones und die Prozesse der Digitalisierung verschärfen ein grundsätzliches *Kommunikations- und Konzentrationsdilemma*, das sich um die Frage dreht: Wem schenke ich Aufmerksamkeit? Wem wende ich mich auf eine exklusive Weise zu, wenn doch gleichzeitig die Anzahl der attraktiven Alternativen rasant ansteigt? Wer sich vollkommen auf die Gesprächssituation einlässt, der fragt sich womöglich, was er gerade so alles an Neuigkeiten und Kontaktmöglichkeiten verpasst. *FOMO* – the fear of missing out – ist lange schon eine Art mentaler Grundzustand geworden. Wer hingegen wieder und wieder auf sein Handy schaut und mal eben prüft, was es sonst noch so gibt, der raubt dem Dialog eine Tiefe, die dann doch fehlt. Das ist das Dilemma zwischen Zuwendung und Abwendung in der vernetzten Welt.

SCHULZ VON THUN: Ein ständiges Dilemma zwischen leibhaftiger Begegnung im Hier und Jetzt und der allzeit aktuellen weltweiten Vernetzung? Tja, ein Traum der Menschheit ist wahr geworden: das Schlaraffenland. Dort muss man nur noch den Mund öffnen, und schon fliegen gebratene Tauben hinein. Jetzt muss man nur noch mit sanftem Fingerdruck klicken und tippen, und sofort kommen aktuelle Informationen, eindringliche Bilder und Videos, entzückende Clips und exzellente Präsentationen vor die Augen und in die Ohren, herrliche Musik nach Wahl jederzeit noch dazu: Das Leben ist nun doch, vielfachen Gegenbeteuerungen zum Trotz, ein Wunschkonzert geworden! Verglichen mit diesem Festival der Anregungen scheint die »alte Welt« , das reale Dasein im analogen Hier und Jetzt, vergleichsweise öde und hausbacken, und es erscheint viel mühsamer, hier etwas attraktiv in Gang zu halten.

PÖRKSEN: Und eben weil es jetzt eine derart mächtige Konkurrenz gibt, weil die konstante Neuigkeitserwartung und die innere Alarmbereitschaft so prägend geworden sind, verändert sich die Art und Weise des Miteinander-Redens, die Atmosphäre eines Gesprächs. Die Internetsoziologin Sherry Turkle hat dies in ihren Studien klar gezeigt. Selbst ein still geschaltetes Smartphone auf dem Tisch wirkt als eine latente Unterbrechungsdrohung ...

SCHULZ VON THUN: ... dies schlicht deshalb, weil diese kleine Maschine immer wieder fantastische Anregungen ausspuckt ...

PÖRKSEN: ... genau. Die Folge ist dann, dass Themen, die eine Fokussierung erfordern würden, gar nicht erst angesprochen werden, so ihr Befund. Und Fakt ist: Man kann sich unter vernetzten Bedingungen kaum noch ausklinken und dem Druck der Aktualität entziehen, selbst wenn man wollte. Schon in der U-Bahn oder am Bahnhof sieht man über einen Bildschirm flimmernde Breaking-News-Schlagzeilen ...

SCHULZ VON THUN: ... und bekommt Berichte im Live-Modus auf das eigene Handy geliefert ...

PÖRKSEN: ... und wird durch Push-Nachrichten alarmiert, die einen unvermeidlich aus dem Moment einer Begegnung herausreißen. Und dann folgen – pling, pling – neue Mails und Botschaften, Eilmeldungen über einen Terroranschlag, das Lob der eigenen Gesundheits-App: »Du hast heute schon 10 000 Schritte gemacht!« Und so erzeugt das Trommelfeuer der Anregungen im Verbund mit unserer allgemein menschlichen Neugier und den verhaltenspsychologisch erprobten Software-Tricks eine suchende, schnell abschweifende, nach außen gerichtete Aufmerksamkeit – auch dies zu Lasten der Gesprächs- und Dialogbereitschaft, die eigentlich den geschützten Raum bräuchte, die informationelle Isolation. Jüngere Menschen, so zeigen Befragungen, schauen bis zu 160-mal pro Tag auf ihr

Handy, und 90 Prozent aller Smartphone-Nutzer erleben sogenannte Phantomanrufe: Es klingelt, es zuckt, es vibriert, aber wenn man dann nachschaut, dann war da gar nichts. Das heißt: Die Aktualität der Ereignisse drückt sich durch und erreicht uns fast überall, unabhängig von Zeit und Raum. Und die Angst, irgendetwas zu verpassen, ist längst allgegenwärtig. Beides zusammen verändert das Kommunikationsklima.

SCHULZ VON THUN: Diese Stimmung der nervösen Aufgekratztheit und der impulsiven und ablenkungsanfälligen Neuigkeitssuche beschreiben Sie sehr pointiert. Was folgt aus einer solchen Analyse?

PÖRKSEN: Sherry Turkle fordert, man solle, um die Fragmentierung von Gesprächen zu verhindern, »heilige Orte« schaffen, handyfreie Zonen einer tiefen Aufmerksamkeit, Refugien der ungestörten Begegnung. Sie selbst hat in den 90er-Jahren die modernen Kommunikationstechnologien noch mit aller Entschiedenheit gefeiert, heute formuliert sie düster und apokalyptisch, prognostiziert das Ende des Gesprächs, einen dramatischen Anstieg des Autismus. Das Smartphone erscheint ihr letztlich als eine einzige Empathievernichtungsmaschine, weil echtes Mitgefühl erst von Angesicht zu Angesicht entstehen könne, in der ganzheitlichen Wahrnehmung der Person. – Was ist Ihre Auffassung? Teilen Sie solche Einschätzungen?

SCHULZ VON THUN: So klingt es nach einem unabwendbaren Schicksal, dem man nicht entkommen kann, da die Technologie angeblich den Menschen und seine Lebensführung beherrscht. Gewiss, man kann bei einem abendlichen Restaurantbesuch beobachten, wie das Gespräch an manchen Tischen erstirbt, weil sich alle Beteiligten an ihren Handys zu schaffen machen, sich allenfalls noch beiläufig mit ihrem Gegenüber unterhalten, um wieder auf den Bildschirm zu starren, gebannt von dem Thrill der Neuigkeiten. An vielen anderen Tischen ist kein Smartphone zu sehen – offenbar sind wir ihm nicht unterworfen, sondern können entscheiden, ob und wann wir es benutzen wollen. Positiv ist zu verbuchen, dass uns Smartphones, soziale Netzwerke und Messenger-Dienste eben auch erlauben, mit Freunden und der Familie über große Distanzen hinweg auf eine leichthändige Weise in Verbindung zu bleiben, ohne stets schwergewichtige Themen zu verhandeln. Wir haben so im wortwörtlichen Sinne und im übertragenen Sinne einen Draht zueinander und bleiben leichtgängig im Kontakt. Eine solche sehr einfache Beziehungsbestätigung, die ein Gefühl von Zugehörigkeit aufrechterhält und immer wieder neu erzeugt, ist schon auch ein Wert, den man nicht abfällig ausblenden sollte. Gewiss, die Zeit der großen Briefe, die an langen Winterabenden ausreifen konnten, ist vorbei. Und das ist kulturell ein herber Verlust. Aber unterschätzen wir auch nicht all die neuen Optionen, die das Im-Kontakt-Sein unterstützen und animieren! – Wie sehen Sie das?

PÖRKSEN: Ich laufe oft mehrfach täglich zwischen der Position des Euphorikers und des Apokalyptikers hin und her und suche meinen Platz. Einerseits profitiere ich an jedem einzelnen Tag von der blitzschnellen Information und der kostengünstigen Kommunikation, andererseits verliere ich mich, wie vermutlich jeder andere auch, beim Surfen im Netz, schaue viel zu oft, auch beim Schreiben von Aufsätzen und Artikeln, auf mein Handy oder checke meine Mails und merke, wie meine Konzentrationsfähigkeit schwindet, weil Multitasking bei einigermaßen anspruchsvollen Aufgaben eben leider einfach nicht funktioniert. Kurzum: Ich genieße das Geschenk des Informationsreichtums und leide doch gleichzeitig unter den permanenten Unterbrechungen, dem Sog der Ablenkung und dem Hin- und Herdriften zwischen den verschiedenen Welten.

SCHULZ VON THUN: Diese Ambivalenz kann ich gut nachempfinden, auch wenn mein eigener, eher altmodischer Lebensmodus anders aussieht. Während ich hier gerade meine Antworten überarbeite, ist das Handy ausgeschaltet, da darf mir jetzt nichts und niemand hineinfunken. Und bei unseren Sitzungen und Gesprächen im Institut oder in den Seminaren ist jedes Smartphone tabu, es sei denn, jemand hat ein krankes Kind und muss sich für den Notfall erreichbar machen. Und bei unseren Gesprächen für dieses Buch, Herr Pörksen, sind wir doch immer »ganz unter uns« – oder? Aber lassen Sie mich weiterfragen: Welche Bilder und Beschreibungen wählen wir, die ambivalenzfähiger sind und die nicht von einer allzu schlichten Euphorie oder von pauschalen Untergangsdiagnosen geprägt sind? Wie kann es gelingen, das Gesprächs- und Dialogklima vor dem Hintergrund der Reizüberflutung auf eine achtsame Weise zu schützen?

PÖRKSEN: Aus meiner Sicht kann es hilfreich sein, sich den Informationskonsum als Nahrungsaufnahme vorzustellen. Das erscheint mir als inspirierende Metapher und als nützliche Analogie, weil man auf diese Weise behutsam und nicht im Gestus der Bevormundung dazu anregt, nach den Quellen, der Qualität und auch der Quantität dieser geistigen Nahrung zu fragen. Und man kommt, wenn man diese Metapher fortspinnt, auf den Gedanken, sich genauer mit den Rhythmen der Informationsaufnahme, den Zeiten der Verarbeitung zu befassen, vielleicht vor einem Übermaß an Fastfood-News zu warnen oder auch mal eine Informationsdiät zu empfehlen. Es ist ein ganzes Wort- und Begriffsfeld, das so entsteht und das es idealerweise erlaubt, sich selbst klarer zu werden, wie sich die Fülle der Anregungen sortieren und produktiv verarbeiten lassen.

SCHULZ VON THUN: Ja wunderbar, eine gute Metapher! Auch der träge Schlaraffe hat irgendwann genug von gebratenen Tauben und will sich erheben, um »die Welt zu gestalten im Werk und zu reifen auf dem inneren Weg«, wie Karlfried Graf Dürckheim so schön sagt. Ich selbst folge mitunter einer ähnlichen metaphorischen Spur und unterscheide zwischen Nektar und Honig. Man sagt ja manchmal, wenn man ein Buch gelesen oder einen Vortrag gehört hat: »Da habe ich Honig gesaugt!« Die Biene saugt aber gar keinen Honig, sondern Nektar. Erst wenn sie diesen verarbeitet, wenn sie ihn mit ihrer inneren Substanz verbindet, entsteht daraus Honig. – Was nun den Gebrauch der neuen sozialen Medien angeht, lautet meine Diagnose, die zugleich eine Befürchtung ist: Zu viel Nektar, zu wenig Honig! Erst wenn ich mir Zeit gebe, die aufgenommenen Nektar-Informationen mit eigenen Gedanken und Gefühlen zu verbinden, kann ich sie mir an-eignen, mir zu eigen machen. Bildung ist keine Nektar-, sondern eine Honigangelegenheit. Genau deshalb sollten meine Studentinnen und Studenten in ihrer Hausarbeit nicht die Inhalte meiner Vorlesung wiedergeben, sondern zur Sprache bringen, was sie *damit anfangen* konnten.

PÖRKSEN: Können wir den Ertrag dieser Metaphern aus der Welt der Nahrung und der Welt der Bienen noch genauer ausdeuten? Was folgt, wenn man der Logik dieser Bilder und Analogien nachgeht? Mir wird so deutlich, dass man ein gutes Essen und ein gutes Gespräch sorgfältig und ohne übertriebene

Hektik vorbereiten sollte, weil sonst eine anregende Atmosphäre und Stimmung des gelingenden Austausches gar nicht entstehen kann. Überdies braucht es beim Essen wie auch bei einem Gespräch, das eine bestimmte Qualität haben soll, einen geschützten Raum, ein Gespür für Rituale und Rhythmen und den richtigen Moment, um die Speisen- oder Themenfolge zu wechseln. Und schließlich muss man sich, wenn es um den Prozess des Verarbeitens und Verdauens geht, Zeit lassen und Pausen gönnen, so dass sich die eigenen Substanzen überhaupt herausbilden können.

SCHULZ VON THUN: Jawohl, und schon Kohelet wusste: »Ein jegliches hat seine Zeit!« Das Surfen im Internet hat seine Zeit, der Kontakt mit entfernten Menschen per E-Mail oder WhatsApp hat seine Zeit, ebenso die Begegnung im Team, die Besprechung im kleinen Kreise, die Familienkonferenz, das gemeinsame Essen, das Meditieren und Musizieren – alles zu seiner Zeit, ist doch eigentlich ganz einfach oder? Ein Smartphone ist *nice to have*, gar keine Frage! Aber gib ihm nicht die Macht, zum Taktgeber deines Lebens zu werden! Durchschaue seine raffinierten Tricks – es ist ein Meister darin, dich möglichst lange am Bildschirm zu halten – aber du lebst nur einmal und willst vielleicht dein Leben nicht vor dem Bildschirm verbringen? Jedenfalls nicht nur!? – Und was den Dialog angeht, das Miteinander reden: Auch wir Individualisten sind Beziehungswesen, unser seelisches Leben steht und fällt mit gelingenden Beziehungen, die Halt geben und Zugehörigkeit spenden. Gib auch deinen Gesprächen Gelegenheit, inspirativ und Resonanz erzeugend zu werden! Das gelingt, wenn Honig fließt und wenn Botschaften spruchreif werden, die aus den tieferen Etagen der Seele emporkommen. Diese kann man leider gottlob nicht »herunterladen«. Aber wir können uns einlassen auf eine Form der Begegnung, in der sie eine Chance haben, aufzutauchen und plötzlich spruchreif zu werden. Multitasking und die ganze menschliche Präsenz: alles hat seine Zeit.

PÖRKSEN: Wir sind damit am Ende unseres Gesprächs über die Möglichkeiten und Grenzen des Dialoges. Darf ich bilanzieren? Wir haben über den Umgang mit Pegida-Anhängern diskutiert, über die Macht der Öffentlichkeit gesprochen und sind schließlich beim Umgang mit Smartphones und Online-Stress gelandet. Wenn ich unsere Erörterungen zu einer einzigen Schlussfolgerung verdichte, dann lautet diese: Wir haben versucht, die Blockaden und die Hindernisse des Miteinander-Redens zu bestimmen, ganz gleich, ob es um ideologische Verhärtungen, das Spektakel der Talkshows oder die Allgegenwart digitaler Medien ging. Zum Schluss ein Zitat des Schriftstellers Arthur Schnitzler. Es handelt sich um einen etwas boshaften Kommentar, der jede dialogische Anstrengung und jedes Bemühen um Verständigung ironisiert und mit dem Pathos der Sonntagspredigt und der wohlfeilen Moralisierung der Kommunikationsverhältnisse bricht. »Bewahre uns der Himmel vor dem ›Verstehen‹«, so bekommt man bei Schnitzler zu lesen. »Es nimmt unserem Zorn die Kraft, unserem Hass die Würde, unserer Rache die Lust und noch unserer Erinnerung die Seligkeit.« Wie verstehen Sie diese Sätze?

SCHULZ VON THUN: Ich würde sagen: Arthur Schnitzler beschreibt hier die Risiken und Nebenwirkungen der Empathie. Wer mit einem anderen fühlt, wer begreift, was ihn umtreibt und im Inneren bewegt und woher seine Not und vielleicht auch seine Reizbarkeit kommen, für den wird das Hassen schwieriger. Er wird in seinem Fanatismus, seiner Rechthaberei und seiner Aggressivität geschwächt, vielleicht auch in seiner

Kampfkraft. Wer dieses Risiko nicht eingehen will, wer seinen heiligen Zorn feiern und genießen möchte und wen es drängt, in den Krieg zu ziehen, dem rate man dringend davon ab, sich in einen Dialog zu begeben und durch jene Wahrheiten verunsichern zu lassen, die es womöglich da draußen auch noch gibt.

III.

Transparenz und Skandal

Sichtbarkeit heißt Verwundbarkeit

PÖRKSEN: Zu Beginn ein kleines Gedankenexperiment. Was wäre, wenn es im Jahre 1970 schon YouTube und das Netz gegeben hätte? Was wäre, wenn es schon Smartphones gegeben hätte? Und was wäre, wenn wir eines Tages ein verwackeltes Handyvideo zu sehen bekämen, auf dem Willy Brandt, irgendwo in einem Hotelzimmer in Warschau, wieder und wieder den Kniefall probt, begleitet von einem PR-Berater, der im Hintergrund herumdröhnt und sagt: »Mensch, Willy, langsamer in die Knie gehen! Nicht so schnell, so hat das einfach noch keine Ausstrahlung, das hat einfach noch keine Würde!«

SCHULZ VON THUN: Es wäre schrecklich, wenn es ein solches Video gäbe, weil dann die Qualität der großen, authentischen Geste, die aus dem Kern seiner Persönlichkeit zu kommen schien, als einstudiertes Politmarketing entlarvt werden würde. Sie wäre diskreditiert.

PÖRKSEN: Auf einmal würden zwei Wahrnehmungen miteinander rivalisieren, ein Dokument aus der Vergangenheit, nämlich das Kniefall-Foto, das den Betrachter erschüttert und berührt. Und dann gäbe es da diesen aktuellen Videobeweis, der uns enttäuscht. Können Sie aus der Sicht des Kommunikationspsychologen diese plötzliche Desillusionierung noch präziser beschreiben?

SCHULZ VON THUN: Kommunikation ist immer zugleich Ausdruck *von etwas* und Wirkungsabsicht *für etwas*. Wenn das Wirkungskalkül so eindeutig als beherrschendes Element erkannt ist, dann erscheint die Verhaltensweise, die wir gerade noch als authentischen Ausdruck eines Überwältigtseins von Trauer und Verzweiflung gedeutet haben, fundamental in einem anderen Licht und menschlich entwertet. Die Rivalität der Wahrnehmungen ist dann entschieden, es ist dann alles nur noch »Mache«. Aber halten wir fest, dass es ein solches Video nicht gibt und dass Willy Brandt diese Geste nicht geübt hat, sondern dass sie spontan erfolgte, auch seine engsten Mitarbeiter und Begleiter waren überrascht. – Wie lautet nun der Befund des Medienwissenschaftlers?

PÖRKSEN: Das Gedankenexperiment zeigt aus meiner Sicht, dass Autorität und Charisma sehr eng an die Möglichkeit gelingender Informations- und Kommunikationskontrolle gekoppelt sind. Man darf nicht zu viel sehen, um verehrungsfähig zu bleiben und die Aura des Außergewöhnlichen zu erhalten. Und Fakt ist auch: Heute haben wir YouTube, heute haben wir irrwitzig leistungsfähige Smartphones, immer kleinere und schnellere Technologien, um das, was sich auf der Hinterbühne und im Verborgenen ereignet, auch auf der Vorderbühne zu enthüllen. Heute sehen wir unsere Helden mit Hängebauch auf irgendeinem Video, erleben sie in allen möglichen und unmöglichen Situationen, mal vulgär und schimpfend, mal den Mittelfinger zeigend, mal mit rutschender Hose, mal stolpernd und stotternd, mal heulend oder doch den Tränen nah …

SCHULZ VON THUN: … und wir beobachten einen Prinzen, der an eine Häuserwand pinkelt, und sehen die Fotos eines Verteidigungsministers, der mit seiner Verlobten in einem Pool auf Mallorca planscht, während seine Soldaten an die Front müssen. Wir kommen als Zuschauer also sehr leicht in den Genuss indiskreter Information. Was löst dies aus? Einerseits natürlich eine diebische Lust: Bekommt man doch etwas zu sehen, was nicht für einen bestimmt war – wer kann da widerstehen? Das Vergnügen verbindet sich mit moralischer Entrüstung, wenn das, was sichtbar wird, verwerflich oder doch anrüchig erscheint. Und andererseits kann ich doch auch peinlich berührt sein, wenn ich zum unfreiwilligen Voyeur werde.

PÖRKSEN: Der Frage, der ich gerne mit Ihnen nachgehen möchte, ist allgemeiner, unabhängig von der konkreten Gefühlsreaktion des Einzelnen. Ich frage mich: Was hat Transparenz für Folgen? Was bedeutet es, wenn Autorität und Aura so schnell und unmittelbar im grellen Licht der Gewöhnlichkeit verglühen? Ich spreche nur halb ironisch, wenn ich sage: Unter diesen Bedingungen müssen wir an diesem Nachmittag in Hamburg-Poppenbüttel das Heldenzeitalter für beendet erklären. Denn Autorität ist unter den Bedingungen digitaler Vernetzung angreifbar wie nie.

SCHULZ VON THUN: Wir leben ja schon längst im postheroischen Zeitalter. Das hat viel Gutes. Und mancher Held, dem man ein Denkmal errichtet oder der sich selbst auf ein Podest gestellt hat, ist zu Recht in Verruf geraten; hier ist der Sturz ein Akt der Aufklärung, so schmerzhaft dieser auch für den Betroffenen sein mag. Manchmal ist es ja gut, wenn ans Licht kommt, was in Hinterzimmern und im Schutz des Verborgenen ausgekungelt wurde. Und das Wissen um eine allzeit drohende Veröffentlichung kann durchaus zur Integrität und zum Wohlverhalten beitragen. Auch ist es aus meiner Sicht nicht nur beklagenswert, wenn Autorität es heute schwerer hat, sich zu entfalten und zu behaupten. Wahre Autorität lässt sich nicht mehr so leicht und unmittelbar aus Amt und Position ableiten, sondern muss durch Arbeit, Sachkenntnis und menschliche Reife erarbeitet und erobert werden, gut so! Und schließlich enthält die einmal so erworbene Autorität eine haltbare und belastbare Substanz, die durch ein paar marginale Peinlichkeiten nicht gleich in ihrer Substanz gefährdet ist. Sie bekommt vielleicht einen Kratzer, wird jedoch nicht sofort zerstört. Insofern würde ich mich der These, die Epoche der Heroen sei vorbei und dies sei eine ziemlich schlechte oder doch einigermaßen beunruhigende Nachricht, noch nicht ganz anschließen wollen.

PÖRKSEN: Verstehe ich richtig? Sie plädieren dafür, die Ambivalenz der Transparenz anzuerkennen. Und nicht nur indiskrete Enthüllungen zu diskutieren, die klar als unangemessen zu erkennen sind.

SCHULZ VON THUN: Ja. Denn es geht – im Bemühen um Stimmigkeit und Verhältnismäßigkeit – um einen Abwägungsprozess zwischen dem Transparenz- und dem Diskretionsgebot – mal wieder kommt mir das Wertequadrat in den Sinn: Die Orientierung an Transparenz kann in Richtung einer entwürdigenden Bloßstellung abstürzen, die den Gesichtsverlust des anderen nicht nur in Kauf nimmt, sondern geradezu beabsichtigt. Das Bemühen um Diskretion ist hingegen in der Gefahr, verschwiegener Mauschelei und Hinterzimmerpolitik Vorschub zu leisten und Skandale zu verschleiern (siehe Schaubild 4, S. 130). Und gewiss müssen wir anerkennen, dass derjenige, der da abwägt, nicht notwendig ein neutraler, unabhängiger Richter ist, sondern seine eigenen Interessen verfolgt; mal will man sich vielleicht rächen, mal will man mit indiskre-

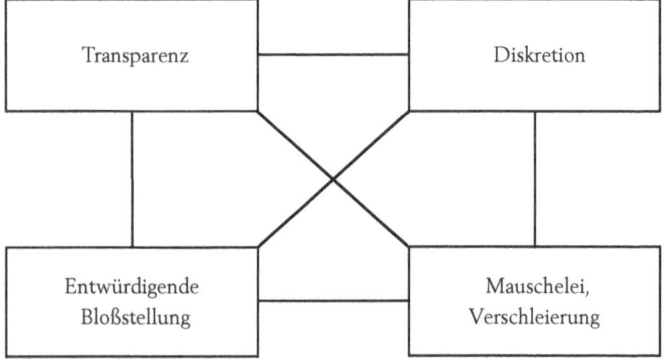

4 Die notwendige Abwägung zwischen den Werten Transparenz und Diskretion.

ten Sensationen die Quote aufbessern. Und mal sind es ehrenwerte Ziele, Verfehlungen und Machtmissbrauch bekannt zu machen, von denen die Öffentlichkeit im Interesse des Gemeinwohls (und des Tierwohls) unbedingt wissen sollte. All dies kommt vor. Um dieser Ambivalenz gerecht zu werden, sollten wir erhöhte Transparenz nicht allein als Bedrohung oder als Autoritätsgefährdung ansehen.

Das Smartphone als indiskrete Technologie

PÖRKSEN: Halten wir also fest: Transparenz ist kein absoluter, sondern ein instrumenteller Wert, ein Mittel zu einem Zweck, über dessen Bedeutung und Berechtigung wir debattieren und manchmal auch streiten müssen. Mal braucht es die Enthüllung, um ein relevantes Fehlverhalten zu entlarven; mal ist eine Veröffentlichung unangemessen, zudringlich und einfach nur pornografisch. Nur eines noch: Ich selbst plädiere nicht für einen überkommenen Heroismus, ich verfechte keine pauschale Glorifizierung von Autoritäten oder beklage, dass es zu wenig Ehrfurcht gibt in unserer Welt. Ich versuche vielmehr einen Zusammenhang von Transparenz und Skandalisierung genauer zu fassen, der mich umtreibt. Mein Argument ist: Je weiter die mediale Ausleuchtung voranschreitet, desto mehr Material gibt es, das die Attacke befeuert und aus dem sich bei Bedarf böse Botschaften formen lassen. Und desto wahrscheinlicher wird es, dass eine Inszenierung entlarvt oder demontiert wird. Kurzum: Mich beschäftigt das Zusammenspiel von Medientechnologie und Wahrnehmung im digitalen Zeitalter, das das Verhältnis zu Autoritätsfiguren beeinflusst und prägt.

SCHULZ VON THUN: Mögen Sie ein Beispiel nennen, um noch genauer zu fassen, was Sie umtreibt?

PÖRKSEN: Klar, gern. Ich greife eine Geschichte heraus, die sich am 11. September 2016 ereignet hat. An diesem Tag wird am Ground Zero der Opfer des Anschlags vom 11. September gedacht, mitten in der Hoch-Phase des amerikanischen Schmutzwahlkampfes. Auch die Präsidentschaftskandidatin Hillary Clinton ist vor Ort, die an einer Lungenentzündung leidet, was öffentlich niemand weiß. Sie hält dies geheim, um das Image von Stärke und Durchsetzungskraft nicht zu gefährden. Und dann merkt sie, dass ihr die Hitze zusetzt, und verlässt die Trauerfeierlichkeiten. Sie muss jedoch noch einige Minuten auf ein Auto warten. Als der Wagen heranfährt, zückt ein Hobbyfotograf, eigentlich ein Clinton-Anhänger, reflexartig sein Smartphone und dreht ein 20-Sekunden-Filmchen, das er sofort und ohne weiteres Nachdenken postet.

SCHULZ VON THUN: Man sieht hier: Hillary Clinton ist schwach, sie taumelt, sie strauchelt, sie muss gestützt werden.

PÖRKSEN: Ja. Ihre Mitarbeiter greifen ihr sofort unter die Arme und bilden geistesgegenwärtig einen Schutzwall, um sie vor den Blicken Neugieriger zu schützen. Aber die Bildkontrolle gelingt nicht. Erste Gerüchte kursieren. Auf Twitter fragt ein Journalist schon ein paar Minuten später, ob jemand Hillary gesehen habe, er habe gehört, sie sei nicht gesund. Keine zwei Stunden später ist das Videofilmchen auf allen Kanälen zu sehen. Es wird im Fernsehen gezeigt, exzessiv auf YouTube und Facebook geteilt. Suchanfragen wie *Hillary collapsing* schießen in die Höhe. Das Smartphone ...

SCHULZ VON THUN: ... ist leichthändig zu bedienen und überall zur Hand; es braucht keine durchtriebene Raffinesse mehr, um an diskreditierende Bilder zu gelangen und sie zu publizieren ...

PÖRKSEN: Genau. Es handelt sich um eine *indiskrete Technologie* im Sinne des Techniksoziologen Geoff Cooper, weil gerade noch diskrete, voneinander getrennte gesellschaftliche Sphären verschmelzen: das Private und das Öffentliche, die Welt des kleinen und die Welt des großen Ärgers. Zwei Milliarden Smartphones waren 2016 verbreitet, bis 2020 werden es vier Milliarden sein. Und ohne die Aufnahmen des zufällig anwesenden Hobbyfotografen, ohne den Filmbeweis, ohne die Möglichkeit zur Sofort-Veröffentlichung des Video-Clips in den sozialen Netzwerken hätte es diesen Fall nicht gegeben. Das ist die neue, medial produzierte Sichtbarkeit, die eine Inszenierung von Stärke und Robustheit in Rekordgeschwindigkeit zusammenbrechen lässt.

SCHULZ VON THUN: Aufschlussreich scheint mir an diesem Beispiel wiederum auch, dass der Fall schillert und das, was Sie die Ambivalenz der Transparenz genannt haben, im Konkreten greifbar wird. Einerseits hat man hier ein Video, das sich wunderbar für eine Schmutzkampagne ausnützen lässt und den Gegnern eine Trumpfkarte in die Hände spielt; es erscheint moralisch verwerflich, einen Moment der Schwäche in dieser Weise zu dokumentieren und ihn als Schlüsselbild zu propagieren, das angeblich für den Gesamtzustand eines Menschen steht und eine verborgene Wahrheit ans Licht bringt. Andererseits liegt es durchaus im öffentlichen Interesse zu erfahren, ob eine amerikanische Präsidentschaftskandidatin gesund und den Anstrengungen des Amtes gewachsen ist. Wir sehen erneut: Die Entscheidung, ob eine Veröffentlichung angemessen ist, fällt nicht leicht. Man kann nicht einfach ein paar vermeintlich objektive Kriterien abhaken, sondern muss das eigene Gespür für Stimmigkeit und Verhältnismäßigkeit schulen. In seriösen Redaktionen wird, soviel ich weiß, nicht selten sehr ernsthaft um diese Entscheidung gerungen.

PÖRKSEN: Das stimmt. Aber vergleichen Sie das Reputationsschicksal einer Hillary Clinton einmal mit der Medienwelt von Franklin Roosevelt. Roosevelt war von 1933 bis 1945 amerikanischer Präsident.[33] Und er saß im Rollstuhl, war gelähmt. Die Mehrheit der Amerikaner glaubte jedoch zu seinen Lebzeiten, er könne gehen. Warum? Die Antwort: Roosevelt wollte es so, und er konnte dies durchsetzen, weil er in einer anderen Medienepoche lebte. Es gibt nur drei Fotos, die ihn im Rollstuhl zeigen; seine Leute nahmen Journalisten, die ihn fotografierten, im Zweifel die Kameras weg. Wenn er eine Rede halten musste, wurde er an das Pult geschoben, dann erst hob sich der Vorhang. Und wenn sich ein Auftritt vor dem Publikum mal gar nicht umgehen ließ, dann montierte er sich Metallschienen an die Beine, die seine langen Hosen verdeckten, stützte sich – oft mit einem Lächeln und gespielter Lässigkeit – auf einen Freund oder Vertrauten, den er wie eine menschliche Krücke benützte und ging ein paar Schritte. Er sei ein Schauspieler, so hat er einmal gesagt …

SCHULZ VON THUN: … das muss er gewesen sein …

PÖRKSEN: … aber seine Schauspielkunst konnte nur funktionieren, weil es Medien-Instrumente wie das Smartphone noch nicht gab. Heute hingegen regiert ein Absolutismus der Transparenz. Eine derartige Image- und Bildkontrolle ließe sich unter den aktuellen Medienbedingungen keine fünf Tage am Stück durchhalten.

Eubulides und das Problem der Zeitdiagnostik

SCHULZ VON THUN: Ja, ein Präsident im Rollstuhl und eine Bevölkerung, die davon nichts weiß – das wäre heute undenkbar. Aber ich muss erneut Zweifel anmelden, ob die Diagnose von der allgegenwärtig drohenden Öffentlichkeit tatsächlich in dieser allgemeinen Form gilt – trifft diese nicht nur für Prominente zu? Gewiss, Prominente erleben, dass sie sich auf den Schutz der Diskretion kaum noch verlassen können und mitunter mit einer Wucht und einer Häme entblößt und an den Pranger gestellt werden, dass sie zutiefst beschädigt und verletzt daraus hervorgehen. Das allein wäre schlimm genug, und zwar nicht nur menschlich, sondern auch politisch, denn das Land braucht dringend nicht nur die Dickhäuter unter den Politikern. – Aber was ist mit den 99,9 Prozent, die nicht berühmt sind?

PÖRKSEN: Auch sie sind potenziell betroffen, wenn auch nicht in dieser Intensität, so würde ich sagen. »Gegen Ohnmächtige und kleine Leute«, so schrieb Mitte der 60er-Jahre der Publizist Johannes Gross, »bricht kein Skandal aus.« Das stimmt so nicht mehr und hat eigentlich auch noch nie ganz gestimmt, wenn man bedenkt, auf welche entfesselte Weise Boulevardmedien in ihrer Kriminalitätsberichterstattung sogenannte kleine Leute angreifen, die angeblich oder tatsächlich ein Verbrechen begangen haben. Heute ist jedoch der Skandal kein Distanzereignis mehr; er rückt immer näher an die eigene Existenz und den eigenen Alltag heran.

SCHULZ VON THUN: Wirklich? Ich selbst habe in meinem bescheidenen Leben mit einem Skandal noch nicht zu tun gehabt. Auch meine Familie und meine Kolleginnen und Kollegen, mit denen ich zusammenarbeite und von denen ich im Nahkontakt weiß, wie ihr Leben verläuft, sind noch nicht zu Opfern von Attacken oder rufschädigenden Enthüllungen geworden.

PÖRKSEN: Ich meine auch nicht, dass jeder attackiert wird, sondern dass das in der alten Welt der Massenmedien bedeutsame Kriterium der Fallhöhe nicht mehr unbedingt entscheidend ist. Man muss nicht mehr notwendig prominent sein, um zum Objekt unerwünschter Aufmerksamkeitsexzesse zu werden. Erneut ein Beispiel: 2005 wurde eine junge Frau aus Südkorea als »Dog Shit Girl« weltweit bekannt, weil ihr Hund einen U-Bahn-Wagen beschmutzt hatte, sie sich aber weigerte, die Hinterlassenschaft zu beseitigen – und ein Fahrgast sie und den Hundehaufen mit einer Digitalkamera fotografierte, die Bilder veröffentlichte. Es dauerte nur ein paar Stunden, und die Fotos verbreiteten sich im Netz; auch der Name der Frau und weitere Informationen wurden öffentlich, sie verließ ihre Universität, der Fall sorgte schließlich auch in den USA für Aufsehen. Wenn man heute »Dog Shit Girl« googelt, dann findet man noch immer ohne Schwierigkeiten die entsprechenden Bilder. Und auch wir sprechen jetzt über diese Geschichte.

SCHULZ VON THUN: Dieser Vorfall ist grotesk und hanebüchen und gewiss tragisch für die betroffene Frau. Und vielleicht ein Vorbote für eine besorgniserregende Entwicklung, dass die technisch leichte Machbarkeit dazu beiträgt, im öffentlich zugänglichen Raum ein Festival ständiger Indiskretion aufzuführen. Aber Sie müssen schon ins Jahr 2005 zurückgehen und nach Südkorea wandern, um einen solchen spektakulären Einzelfall auszumachen, oder?

PÖRKSEN: Das ist nicht mein Punkt, nein. Es ist die Prangerwirkung auf der Weltbühne des Netzes, die sich hier zeigt.

SCHULZ VON THUN: Und doch: Statistisch fällt ein solcher Fall (jedenfalls noch) nicht ins Gewicht: Tagtäglich gehen Hunderte von Millionen Menschen ihrer Arbeit nach und verleben ihren Feierabend völlig unangefochten von indiskreter Nachstellung, oder?

PÖRKSEN: Das stimmt, selbstverständlich. Mit welcher Berechtigung greift man also ein einzelnes Beispiel heraus? Aus meiner Sicht ringen wir gerade um ein Grundproblem der Zeitdiagnostik: Wann postuliert man eine Tendenz, behauptet einen Trend, ruft gar ein neues Zeitalter aus oder erklärt eine

Epoche für beendet? Um die unvermeidliche Willkür dieser Entscheidung zu illustrieren, taugt ein Denkbild des Philosophen Eubulides von Milet. Er fragte sich und seine Zeitgenossen im vierten vorchristlichen Jahrhundert, wie viel Körner einen Haufen ergeben. Bildet eine Million Körner einen Haufen, reichen schon ein paar tausend? Wann verändert sich, wenn man Korn auf Korn legt, die Gestalt und wird definitiv zum Haufen? Was passiert, wenn man dann wieder Korn um Korn wegnimmt? Wann ist der Haufen nicht mehr als solcher existent? Mir erscheint dies als eine aufschlussreiche Analogie, weil sich hier zeigt: Wir als Beobachter verdichten eine gewisse Anzahl von Beispielen und Fällen zu einer Trendbehauptung. Oder eben auch nicht. Jedes Urteil ist unvermeidlich eine Setzung.

SCHULZ VON THUN: Es sind, so denke ich, verschiedene Perspektiven. Sie argumentieren von den systemischen Bedingungen her, beschreiben die Veränderungen der medialen Umwelt, die Verbreitung der Smartphones und Digitalkameras. Ich frage: Gibt es empirische Belege auf Seiten der Betroffenen, die zeigen, in welchem Maße die medialen Veränderungen de facto in das Leben des Einzelnen eingreifen? Mein Vorschlag: Wir verständigen uns darauf, dass Personen, die in der Öffentlichkeit stehen, noch immer deutlich gefährdeter sind als Normalmenschen, einverstanden?

PÖRKSEN: Unbedingt. Und doch verändert sich unter digitalen Bedingungen das traditionelle Skandalschema, auch das gehört zu einem aktuellen Bild. Es wird, eben weil alle zu Sendern geworden sind, ungleich leichter, angebliches oder tatsächliches Fehlverhalten anzuprangern, ein Mobbingspektakel zu entfesseln, das sich auch gegen gänzlich unbekannte, vielleicht vollkommen unschuldige und oft ganz und gar ohnmächtige Menschen richtet. Es gibt längst spezielle Seiten, die untreue Ehemänner, säumige Schuldner, kiffende Studenten, Abtreibungsbefürworter, Prostituierte und ihre Freier bloßstellen oder aber die Polizeibilder angeblicher Verbrecher im Netz publizieren. Und auch Befragungen machen deutlich, dass etwa 50 Prozent aller Menschen, die online unterwegs sind, schlechte Erfahrungen gemacht haben, beleidigt und beschimpft wurden und man versucht hat, sie öffentlich bloßzustellen, zu stalken, zu bedrohen oder auch sexuell zu belästigen. – Aber lassen Sie mich nachfragen: Sie sind so entschieden, dass diese Phänomene keine so große oder umfassende Bedeutung haben, wie ich behaupte. Gibt es in Ihrem Leben keine Erfahrungen, die von der öffentlichen oder auch nur halböffentlichen Blamage handeln?

SCHULZ VON THUN: Nicht wirklich. Das ist ein besonderes, bisher nicht ausreichend gewürdigtes Glück, so scheint mir, wenn ich Ihnen so zuhöre. Mir fällt spontan nur eine einzige, eigentlich ganz belanglose Begebenheit ein. Ich hatte einmal in einer Vorlesung einen offenen Hosenschlitz. Zunächst fiel mir nur ein Kichern im Hörsaal auf, das ich nicht einordnen konnte und das lauter wurde, als ich etwas auf zwei Stühlen demonstrierte. Ich unterbrach und fragte ins Auditorium, was los sei. Zunächst erhielt ich als Antwort nur wieder das um sich greifende Lachen. Aber dann hielt eine Studentin, im Bemühen, mich möglichst rücksichtsvoll auf die Peinlichkeit aufmerksam zu machen, einen Zettel hoch, auf dem stand: »Reißverschluss!« Sogleich dachte ich, sie meint meine Gedankenführung ...

PÖRKSEN: ... die perfekt ineinandergreifende Argumentation, die Verzahnung der Ideen ...

SCHULZ VON THUN: Genau! Und ich fragte sie vor versammeltem Auditorium: »Können Sie Ihre Gedanken, die sich mit dem Stichwort *Reißverschluss* verbinden, einmal erläutern?« Sie wurde rot und schüttelte nur heftig mit dem Kopf. Nanu? Aber dann wurde mir doch zugerufen, worum es eigentlich ging, und ich konnte den Notstand beheben (und sogleich betonen, wie wichtig Feedback im Leben ist ...). Natürlich wäre es mir einigermaßen unangenehm gewesen, wenn mich jemand mit seiner Handykamera gefilmt und das Video ins Netz gestellt hätte ...

PÖRKSEN: ... ich muss gestehen, dass ich bereits die Schlagzeile des viralen Video-Hits vor mir sehe: »LOL! Kommunikationspapst mit offener Hose! Seine Studenten lachen sich kaputt, aber er merkt lange absolut gar nichts ...«

SCHULZ VON THUN: Ihre vergnügte Anteilnahme ist deutlich zu spüren, und ich danke Ihnen für diese gut gelaunten Formulierungen! Und stimme natürlich zu: All dies hätte im Netz sicher mehr Häme als im Hörsaal ausgelöst, denn hier gab es eine persönliche Verbindung zu den Anwesenden, die eine überdrehte Dramatisierung verhinderte. Und doch hätte ich die Hoffnung, dass auch ein solches Video meine Autorität und Reputation nicht allzu empfindlich angekratzt hätte. Oder bin ich da zu naiv?

Souveränität höherer Ordnung

PÖRKSEN: Das sehe ich auch so. Aber sollte sich ein solches Video dann doch aus irgendeinem Grund epidemisch verbreiten, in den Satire- und Spottsendungen der großen Fernsehsender auftauchen und in den sozialen Netzwerken geteilt werden, dann ließe sich etwas beobachten, was man den digitalen Schmetterlingseffekt nennen könnte, eine neuartige Asymmetrie von Ursache und Wirkung. Autorität und Ansehen ließen sich in einer solchen Situation nur dann bewahren, wenn das Publikum mit einem Höchstmaß an freundlicher Toleranz reagiert.

SCHULZ VON THUN: Aber das diebische Vergnügen will man sich vermutlich nicht nehmen lassen, oder?

PÖRKSEN: Nein, das will man nicht. Ich beobachte vielmehr auf Seiten des Publikums, das ja selbst medienmächtig geworden ist, eine eigentümliche Schizophrenie im Umgang mit Autoritäten, Vorbildern und Charismatikern. Sie sollen stark sein und schwach, geheimnisvoll und nahbar, Kaiser und Kumpel gleichermaßen. Man will verehren und man will entzaubern, man will Distanz und man will Nähe, man will Aura und Glamour und man will Authentizität, beides gleichzeitig.

SCHULZ VON THUN: Oh ja, ich glaube immer schon! Einerseits sehne ich mich nach Autoritäten und berühmten Persönlichkeiten, zu denen ich aufschauen kann, die bewunderungswürdig sind, die eine Verheißung von Menschlichkeit verkörpern, die mir Hoffnung gibt, die vielleicht auch als Politiker eine Stärke ausstrahlen, die mir Schutz und Sicherheit spendet. Schon die von Adorno beschriebene »autoritäre Persönlichkeit« hatte ein starkes Bedürfnis, zu einem Großen, Starken und Ehrwürdigen aufzuschauen. – Aber es gibt auch einen ganz anderen Wunsch in mir, nämlich dem hochgestellten Menschen »auf Augenhöhe« zu begegnen, ihn als menschliches Wesen zu entdecken – jenseits von Glorienschein und Denkmalssockel. Er möge nahbar und authentisch sein! Dieser Wunsch, das autoritäre Beziehungsverhältnis in ein partnerschaftliches Verhältnis zu überführen, ist in den letzten Jahrzehnten sicher gewachsen, unterstützt auch durch das Flacherwerden von Hierarchien in der Arbeitswelt.

PÖRKSEN: Aber diese Ansprüche lassen sich eben nicht simultan einlösen; das kann nicht funktionieren, zumal in einer medialen Situation, die die Distanzlosigkeit begünstigt und die fortwährende Entzauberung forciert. Die Enttäuschung über das Gebaren der sogenannten Eliten ist, so meine These, unter den aktuellen Kommunikationsbedingungen programmiert. Diese Enttäuschung ist, obgleich es gewiss viele andere, rein sachlich begründete Ursachen gibt, *auch* Ausdruck und Folge einer noch nicht wirklich verarbeiteten Medienerfahrung, weil einem die vermeintlichen Lichtgestalten, die Vorbilder und Meisterfiguren als klägliche Gestalten präsentiert werden. Meine Frage an Sie: Wie sollen Menschen, die in der Öffentlichkeit stehen, mit diesen widersprüchlichen Anforderungen und Erwartungen umgehen, wie diese kommunikativ verarbeiten, domestizieren?

SCHULZ VON THUN: Das ist eine interessante Herausforderung, auch weil ich meine, dass es heute nicht die falsche Ehrfurcht oder eine allzu große Verehrung von angeblichen Lichtgestalten braucht, sondern dass ein anderes Autoritätsverständnis nötig ist. Es gilt das Gewicht einer gewachsenen

Autorität mit der normalen Menschlichkeit zu verbinden und dies im eigenen Auftreten sichtbar zu machen. Denn eines zeigen ja auch Ihre Skandalanalysen sehr klar: Wer auf Ehrfurcht und Erhabenheit setzt, der ist deutlich entlarvungsgefährdeter, stimuliert vielleicht sogar die Lust an der Entzauberung in besonderer Weise, weil man ihn umso eifriger vom Podest stürzen möchte. Mein eigenes Ideal ist im privaten und professionellen Kontext eine Souveränität höherer Ordnung, die Verbindung von gewachsener Autorität und der eigenen ganz normalen Menschlichkeit.

PÖRKSEN: Das ist ein Abschied vom Ideal der Perfektheit. Und dieser Abschied schafft Entlastung, weil man die Ansprüche reduziert.

SCHULZ VON THUN: Ja. Die *Souveränität erster Ordnung* zielt darauf ab, möglichst perfekt alles im Griff zu haben, sich garantiert keine Blöße zu geben, keine Fehler einzugestehen, Schwächen zu verbergen und diese, wenn sie sich denn zeigen, so rasch wie irgendwie möglich »auszumerzen«. Der Mensch erscheint als eine wandelnde Exzellenzinitiative, charismatisch, visionär, beherrscht in jeder Lebenslage. Demgegenüber steht die *Souveränität höherer Ordnung*. Diese besteht darin, dass ich mir zugestehe, menschlich zu sein, und dazu gehört nicht nur die Exzellenz, sondern ebenso die Begrenztheit, die Schwäche, die teilweise Ohnmacht, die Anfälligkeit für Fehler und Irrtümer – und alles das, was aus der Perspektive der Souveränität erster Ordnung als kläglich erscheint und als verachtenswert. Wem der Satz leicht über die Zunge geht »Hier habe ich Bockmist gebaut!«, wer um Entschuldigung bitten kann, wer eine Verfehlung einräumen kann, ohne seine Selbstachtung einzubüßen, der ist souverän in höherer Ordnung.

PÖRKSEN: Das ist, wenn ich richtig verstehe, ein Plädoyer für gebrochene Helden, nahbar auftretende Führungsgestalten und Idole, die ihre Verwundungen, Unsicherheiten und ihre Zweifel nicht verbergen. Mal ganz praktisch gefragt: Wie sieht die Kommunikation dieser radikal vermenschlichten Autoritäten aus? Können Sie diese ganz konkret greifbar werden lassen?

SCHULZ VON THUN: Wenn ich da mal auf mich selber blicke und darauf, wie ich meine Rolle als lehrender Professor und Seminarleiter ausfülle, dann würde ich das so beschreiben: Ich mache keinen Hehl daraus, dass ich der Experte bin im Hinblick auf menschliche Kommunikation. Und die Autorität des Experten und seine Rolle als Lehrer schaffen eine gewisse Distanz, die ich als stimmig empfinde. Gleichzeitig und wo immer es passt, mache ich keinen Hehl daraus, im Hinblick auf die menschlichen Themen, um die es geht, selber auch Betroffener zu sein, auch als Experte ein ewiger Lebenslehrling und ein nachdenklicher, zuweilen ratloser Mitmensch. Und manches Lehrbeispiel missglückter Kommunikation stammt aus dem eigenen Leben. Das schafft eine gewisse Nähe, die ich ebenfalls als stimmig empfinde.

PÖRKSEN: Kann dies auch außerhalb des Hörsaals gelingen, zum Beispiel in der Politik?

SCHULZ VON THUN: Das ist die Preisfrage! Wahrscheinlich kann sie nur empirisch beantwortet werden. Und man muss sofort darauf hinweisen, dass es selbstverständlich manchmal politisch geradezu gefordert und situativ geboten sein kann, eine Sicherheit vorzugeben und auszustrahlen, die innerlich nicht wirklich gedeckt ist. Auch mancher CEO weiß davon ein

Lied zu singen. Also: Wie generalisierbar ist das, was zu meiner Lebensphilosophie geworden ist? Wie tragfähig ist diese Lebensphilosophie für andere Rollen und für andere Situationen? Das kann ich nicht mit Gewissheit sagen, auch wenn ich den Anfangsverdacht hege, dass die Souveränität höherer Ordnung auch in anderen Welten ein heilsames Konzept wäre.

PÖRKSEN: Machtpolitisch könnte einem aber die Offenbarung von Schwäche auch enorm schaden.

SCHULZ VON THUN: Ganz gewiss, und niemand wird ohne Not eine Schwäche offenbaren. Wenn sie aber akut spürbar wird oder bereits sichtbar geworden ist, dann kann es überaus ratsam sein, sie einzugestehen und vielleicht sogar explizit zu thematisieren. – Aber zurückgefragt: Wie beobachten Sie selbst den Umgang mit Schwäche und das Bemühen um Authentizität in der Politik?

PÖRKSEN: Aus meiner Sicht gibt es momentan zwei Extreme. Auf der einen Seite steht der extrem kontrollierte Profi, der möglichst wenig von sich preisgibt, sich in Sprachschablonen flüchtet, die persönliche Geste vermeidet und die Inszenierung zur Not auch mit Hilfe einer kleinen Armee von Beratern und Imagetrainern perfektioniert. Hier geht es darum, die Souveränität erster Ordnung zumindest zu simulieren. Und dann gibt es auf der anderen Seite des Verhaltensspektrums die naiv Unbefangenen und maximal Authentischen, die einfach draufloserzählen, was ihnen so in den Sinn kommt, die Privates posten und twittern, sich manchmal berührende und manchmal schlicht peinliche Selbstoffenbarungen leisten. Und die werden dann immer wieder angegriffen und eben für ihr Kommunikationsverhalten und ihre Naivität kritisiert. Beide Extrempositionen sind defizitär, so scheint mir, die totale Selbstkontrolle genauso wie die totale Selbstoffenbarung.

SCHULZ VON THUN: Ja, es geht um die Zusammenführung und den Zusammenhalt von Professionalität und Menschlichkeit. Professionalität will und muss ihrem Wesen nach alles im Griff und unter Kontrolle haben, darf nichts dem Zufall überlassen, schon gar nicht den menschlich-allzu menschlichen Affekten. Für jedes Cockpit würden wir uns das dringend wünschen, und für jedes Cockpit im übertragenen Sinne auch. Wenn aber der Mensch dieses Ideal total verinnerlicht und perfektioniert, macht er sich zum funktionierenden Roboter: rhetorisch geschmeidig und »aalglatt«, mit raffiniertem Wirkungskalkül in allen Lebenslagen. Der »Mensch dahinter« wird nicht mehr erkennbar, vielleicht irgendwann für ihn selbst auch nicht mehr. Was man hier vermisst, ist ein Stück unverstellter Menschlichkeit, ist eine Haltung der Wahrhaftigkeit, die im Ernstfall gegen die scheinbar gebotene Opportunität verstößt und den Nachteil dafür in Kauf nimmt. Heute ist viel von »Haltung« die Rede – in der Konjunktur dieses Begriffes zeigt sich genau diese Sehnsucht. – Wer hingegen nur vom Ideal der Authentizität durchdrungen ist, der hat vielleicht das Herz auf dem rechten Fleck, gerät aber in Gefahr, die Aufgabe zu verfehlen, die in seiner Rolle enthalten ist. Es geht, zumal in der Politik, keineswegs darum, sich selbst in jedem Augenblick unverfälscht zum Ausdruck zu bringen und Einblick in die eigene Seele zu geben – das wäre ein Missverständnis, ein falsches Ideal von Offenheit.

PÖRKSEN: Der Grünen-Chef Robert Habeck hat die Frage, um die es hier geht, einmal folgendermaßen formuliert: »Ist es nicht notwendig, als Politiker die eigene Person selbst stärker kreatürlich zu kommunizieren, damit eine neue Form von Vertrauen entstehen kann, wenn die alte Autorität nicht mehr funktioniert?« Das Kreatürliche und Persönliche sichtbar zu machen – im Bewusstsein der eigenen Situation und der eigenen Rolle. Darum geht es.

SCHULZ VON THUN: Dieses Zitat ist ein schöner Beleg für ein sich wandelndes Autoritätsverständnis in einer Demokratie. Ruth Cohn hat in diesem Zusammenhang die Unterscheidung von maximaler und optimaler Authentizität getroffen, die uns hier weiterhilft. Maximale Authentizität ist sich selbst gegenüber erstrebenswert, so ihre Auffassung; optimale Authentizität jedoch gegenüber dem anderen und dem eigenen Publikum. Und optimale Authentizität ist unvermeidlich selektiv.

PÖRKSEN: Mögen Sie ein Beispiel für die Selbstoffenbarung geben, die authentisch sein mag, aber unpassend erscheint?

SCHULZ VON THUN: Wenn ein deutscher Innenminister lächelnd zum Besten gibt, dass genau an seinem 69. Geburtstag ausgerechnet 69 abgelehnte Asylbewerber abgeschoben worden seien, dann wollen wir ihm gerne abnehmen, dass ihm diese zufällige Koinzidenz ein schmunzelndes Vergnügen bereitet – *authentisch* ist es! Und faktisch zutreffend ist es auch. Aber es ist nicht *stimmig*! Weil das Schmunzelvergnügen nicht so recht mit der Schicksalsschwere für die Betroffenen zusammenpassen will. – Die Schlüsselfrage lautet daher: Wie bewege ich mich öffentlich, passend zu meiner Rolle und meiner Persönlichkeit in stimmiger, optimal authentischer Weise? Da wird es in der Beantwortung dieser Frage dann – je nach Persönlichkeit, Position und Selbstverständnis – eine gewisse Varianz im Auftreten geben; einer ist zurückhaltender, mit engeren Diskretionsgrenzen, ein anderer tritt offener auf. Aber es gilt, als Mensch in der eigenen Rolle erkennbar zu werden, nicht jedoch das Allzumenschliche über alles zu stellen. Mit einem Wort: Es geht um Stimmigkeit und um die gelingende Verbindung von Professionalität und Menschlichkeit.

Vom Umgang mit Fehlern

PÖRKSEN: Vielleicht machen wir an dieser Stelle unseres Gesprächs über die verschiedenen Formen der Souveränität und die neue Leichtigkeit der Skandalisierung einen kleinen thematischen Sprung. Denn ich würde gerne noch einen weiteren Befund hinzufügen, den der Publizist J.D. Lasica schon 1998 formuliert hat. Er schrieb in einem Essay für das amerikanische Netzmagazin *Salon*, dass die Vergangenheit eines Menschen unter den gegenwärtigen Medienbedingungen »geradezu in unsere digitalen Häute eintätowiert« sei. Mir ist dieses Bild eines digitalen Tattoos nachgegangen, weil es stimmt: Es gibt eine medial produzierte Gegenwart, eine Transparenz der Vergangenheit, die nicht mehr vergeht. Und so kehren vergessene Fehlleistungen womöglich eines Tages in beschämenden Kontexten zu einem zurück oder sind als eine Art digitales Tattoo in die eigene Existenz eingebrannt. Für mich stellt sich die Frage: Wie lässt sich damit leben, wie damit umgehen, dass man stets an Äußerungen und Handlungen und eben auch Fehlern aus der Vergangenheit gemessen wird? Würden Sie auch hier die Souveränität höherer Ordnung empfehlen?

SCHULZ VON THUN: Ja, das wäre ideal. Real wird es häufig geschehen, dass jemand, dem dies widerfahren ist, künftig als ein gebranntes Kind jede unbefangene Offenheit vermeidet und in seiner Kommunikation auf Nummer sicher geht: bloß nichts verlauten lassen, was einem später um die Ohren fliegen kann! Nachvollziehbar, aber schade! Die Kommunikation wird steril, defensiv, jedes Wort vorher auf der Goldwaage geprüft.

PÖRKSEN: Genau damit wäre man wieder in einer Art Teufelskreis der Selbstabschottung und der Gegeninszenierung gelandet, die der Kommunikation die nötige Portion Unmittelbarkeit und Echtheit raubt. Wie könnte aus Ihrer Sicht die ideale Reaktion aussehen?

SCHULZ VON THUN: Wenn mir eine der beiden folgenden Reaktionsweisen gelingen würde – oder sogar beide: Erstens, ich könnte die erneute Vorhaltung kurz kommentieren, bevor ich dazu Stellung nehme. Etwa in der Art: »Ich habe schon so halb befürchtet, dass Sie mich wieder auf diese alte Geschichte ansprechen werden. Sie können sich vorstellen, dass ich nicht jubiliere, immer wieder damit konfrontiert zu werden. Aber gut, es muss wohl sein – und lassen Sie mich darauf antworten als jemand, der inzwischen etwas klüger (weiser, gereifter) geworden ist!«

PÖRKSEN: Können wir die Art und Weise der Kommunikation, die hier angemessen ist, einmal ganz konkret durchspielen? Wie wird das Vergehen der Vergangenheit zu einem Element der eigenen Selbstdarstellung, ohne dass man neue Angriffspunkte produziert?

SCHULZ VON THUN: Der frühere Fehler ließe sich in ein Narrativ bei der Darstellung der eigenen Persönlichkeits- und Bewusstseinsentwicklung integrieren. Wenn ich beispielsweise Steuern hinterzogen hätte, könnte ich mir, wenn dies situativ gefordert ist, folgende Einlassung vorstellen: »Ja, ich habe dies getan. Und ich hatte, das muss ich bekennen, damals nicht einmal ein schlechtes Gewissen. Ich war überzeugt, dass der Ehrliche oft der Dumme ist, und fand mich zu allem Überfluss auch noch richtig clever. Dass ich mein Verhalten aus heutiger Sicht falsch und geradezu verwerflich finde, steht völlig außer Frage, aber ich muss zugeben, dass ich damals in dieser Mentalität gedacht und gehandelt habe.«

PÖRKSEN: Und dann müssten Sie möglichst plausibel erklären, warum Sie sich tatsächlich gewandelt haben und den eigenen Steuerbetrug heute ganz anders sehen. Es braucht eine Art Brückennarrativ, um die Veränderung des eigenen Wertesystems zu erläutern.

SCHULZ VON THUN: Genau. Ein flapsiges Statement wie »Ich bin heute ein anderer, und jeder macht mal Fehler« begründet noch keine glaubwürdige Verwandlung. Schwieriger wird die Erklärung, wenn sich eine öffentliche Person in ihren früheren Äußerungen als moralisch vorbildlich präsentiert hat, nun eines Delikts überführt wurde und versuchen muss, sich zu rechtfertigen. Da entsteht eine besondere Peinlichkeit, eben aufgrund der moralischen Aufladung der eigenen Person und Position, die die Angriffe umso schärfer und gewiss auch genüsslicher ausfallen lässt.

PÖRKSEN: Das erscheint mir als eine wichtige Beobachtung, weil man zeigen kann, dass die Selbstmoralisierung die Entrüstungs- und Skandalisierungseffekte verstärkt. Ideal und Realität klaffen nun umso dramatischer auseinander, die Differenz lässt die Gefühle der Wut erst so richtig hochkochen. Damit wird eine Form der Enthüllung möglich, die man die Wasser-Wein-Entlarvung nennen könnte. Man weist einem Menschen nach, dass er ganz offensichtlich seinen eigenen Ansprüchen nicht genügt; das erlaubt eine besondere Spitze. Die damalige EKD-Vorsitzende Margot Käßmann hat dies erlebt, als sie angetrunken im Auto in Hannover über eine rote Ampel fuhr und von der Polizei aufgegriffen wurde. Danach war die Aufregung auch deshalb so gewaltig, weil mit Käßmann, wie ein Medium schrieb, eine »Fastenpredigerin« alkoholisiert am Steuer saß. »Lalleluja« titelte eine Boulevardzeitung voller Häme. Und auch im Netz entlud sich viel Spott.

SCHULZ VON THUN: Ein analytisch interessanter Fall und ein persönliches Drama, mit dem nicht leicht fertig zu werden ist. Wie damit umgehen? Reicht es zu sagen: »Ich schäme mich zutiefst«? Vermutlich nicht. Es braucht eine besonders gute, besonders überzeugende Erklärung, die jeden offenen Angriff auf die Skandalisierer und ihre unlauteren Motive, die es ja tatsächlich geben mag, vermeidet; dies gilt auch dann, wenn man innerlich der Überzeugung ist, dass man hier gerade auf maßlose und bösartige Art und Weise angegriffen wird. Es wird dann zu einer besonderen kommunikativen Kunst, diesen Verweis auf die unlauteren Motive der Gegenseite allenfalls, wenn überhaupt, einzuflechten, aber keinesfalls die gesamte Strategie auf eine Gegenattacke zu gründen und einfach nur die Überbringer der Botschaft anzugreifen. Margot Käßmann ist dies gelungen. Sie vermied jede Kritik an den hämischen Kommentaren, bereute die Alkoholfahrt und trat von ihrem Amt zurück. Ihre Antwort war existenziell und nicht bloß rhetorisch. Das hat ihr Respekt, sogar Sympathie eingebracht.

PÖRKSEN: »Du kannst nicht tiefer fallen als in Gottes Hand«, so sagte sie in ihrer Rücktrittserklärung.

SCHULZ VON THUN: Ein schönes Wort für alle Gläubigen und Ungläubigen, in dem sich Demut und Zuversicht die Waage halten. Der »tiefe Fall« wird hier beim Namen genannt und nicht bagatellisiert. Gleichzeitig spricht daraus die Selbstgewissheit, keine Totalbeschädigung ihrer Person befürchten zu müssen.

Das Kommunikationsquadrat in der Krisenkommunikation

PÖRKSEN: Ganz anders lief es bei Karl-Theodor zu Guttenberg, der seine juristische Dissertation aus den unterschiedlichsten Quellen zusammengestoppelt hat, wie die *Süddeutsche Zeitung* Anfang 2011 enthüllte. Seine Geschichte ist, obwohl sie schon ein paar Jahre zurückliegt, gleich doppelt aufschlussreich: zum einen als Indiz für die Macht der vernetzten Vielen, die blitzschnell recherchierten und auf einem eigenen Wiki enthüllten, in welcher Weise der damalige Verteidigungsminister abgeschrieben und die unterschiedlichsten Quellen benutzt hatte; zum anderen sind Guttenbergs Rechtfertigungsversuche ein Lehrbeispiel des misslungenen Skandalmanagements. Als alles aufflog, behauptete er zunächst, seine Arbeit sei definitiv kein Plagiat, vielleicht seien ein paar Fußnoten nicht korrekt. Dann ließ er verlauten, er würde nun seinen Doktortitel nicht mehr tragen, weil die Arbeit – wie er nun eingestehen müsse – Fehler enthalte, obgleich sie nach wie vor wissenschaftlichen Wert besitze. Schließlich meinte er, ihm seien ein paar Disketten durcheinandergeraten.

SCHULZ VON THUN: Der Volksmund spricht von *Salamitaktik*.

PÖRKSEN: Ja. Er hat stets nur das zugegeben, was unbedingt sein musste, ließ das tatsächliche Ausmaß der Abschreibereien aber stets im Unklaren. Und das, obwohl online längst Seite für Seite präzise nachzulesen war, mit welcher Dreistigkeit hier plagiiert wurde.

SCHULZ VON THUN: Die Art der Rechtfertigung war eine neue Unanständigkeit, die dann prompt eine weitere Kritikfront eröffnet. Indem er von »Fehlern« spricht (statt von einer Verfehlung), lässt er an formale handwerkliche Flüchtigkeitsfehler denken – wer ihm aus ein paar unkorrekten Fußnoten einen Strick drehen wolle, der könne wohl nicht ganz integer sein in seinen Motiven, oder? Und genau diese Bagatellisierung setzt einen Teufelskreis in Gang: Die Kritiker, empört über die Geringschätzung und die Bagatellisierung, werden nun noch emsiger und verstärken mit grimmigem Vergnügen die investigative Tiefenbohrung, um den Nachweis zu erbringen: keine Flüchtigkeitsfehler, sondern seitenlange Ausführungen, von anderen geklaut! Jetzt wird wirklich ein Strick daraus.

PÖRKSEN: Ja. Der Modus der Gegenwehr wurde selbst skandalisiert, das Verdruckste, Unglaubwürdige, die offensichtliche Unwahrheit. Ich schlage vor, dass wir dies eine *Skandalisierung zweiter Ordnung* nennen …

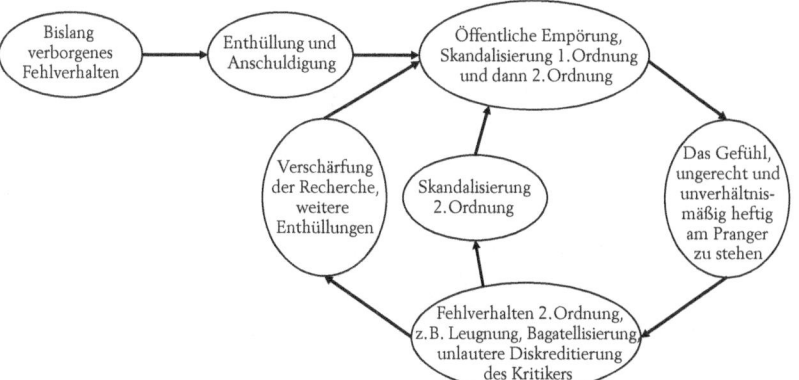

5 Die Abbildung illustriert die Dynamik von Enthüllung und Empörung, die den Skandalisierten zu einem Fehlverhalten zweiter Ordnung verleiten kann. Leugnungs- und Beschwichtigungsversuche, die unlautere Diskreditierung der Kritiker et cetera befeuern die Entrüstung immer wieder aufs Neue und geben Anlass für weitere, umfassendere Recherchen und eine Skandalisierung des Umgangs mit dem eigentlichen Skandal.[34]

SCHULZ VON THUN: ... einverstanden. Das Fehlverhalten zweiter Ordnung, die Bagatellisierung und die versuchte Diskreditierung des Kritikers, zieht eine Form der Kritik nach sich, die sich nicht mehr nur auf das ursprüngliche Vergehen bezieht.

PÖRKSEN: Und der Umgang mit dem Skandal wird zum eigentlichen Skandal, der Fehler im Umgang mit dem Fehler erzeugt eine neue Eskalation in der Empörungsdynamik – gar nicht so leicht, hier alles richtig zu machen.

SCHULZ VON THUN: Zumal man ja, wenn man öffentlich attackiert wird, unvermeidlich unter erheblichen Stress gerät und in der Regel unter enormem Zeitdruck reagieren muss. Ausgerechnet dann unterliegt man dem »Gesetz der vertikalen Gegenläufigkeit«, über das wir sprachen. Wenn wir einmal die Perspektive des Skandalisierten einnehmen: Welche Qualitäten muss eine öffentliche Stellungnahme aufweisen, um als stimmig empfunden und anerkannt zu werden? Mir hilft hier das Modell des Kommunikationsquadrates, schon bei der Selbstklärung, nicht erst bei der Verlautbarung. Die erste Frage wäre dann: Wie sehe ich den Sachverhalt? Sind die Fakten zutreffend, die mir vorgehalten werden? Wenn ja, sollte ich dies ausdrücklich bestätigen! Wenn nein, sollte ich es korrigieren und den Sachverhalt aus meiner Perspektive erläutern.

PÖRKSEN: Das ist die Ebene des Tatsächlichen, des Sachinhaltes und der überprüfbaren Information, die wahr sein kann oder falsch. Man muss sich fragen: Stimmen die Vorwürfe?

SCHULZ VON THUN: Ja. Und dann kommt die zweite Seite des Quadrates, die Selbstkundgabe: Wie stehe ich dazu, wie bewerte ich die Fakten, wie reagiere ich auf die Vorhaltungen? Bin ich bestürzt, über mich selbst erschrocken? Oder bin ich nachdenklich geworden? Oder schockiert, derart ungerecht am Pranger zu stehen? Nicht alles, was zur inneren Wahrheit gehört, werde ich dann auch verlautbaren. Wenn mir nur noch zum Heulen zumute ist, werde ich das besser nicht offenbaren – denn prompt wird es öffentlich wirksame Personen und Medien geben, die dann genüsslich meine »Weinerlichkeit« kommentieren und einen Pranger zweiter Ordnung aufbauen, der sich nicht mehr nur auf mein Fehlverhalten bezieht, sondern jetzt auch auf meine Art der Krisenreaktion. Selbstoffenbarung und Selbstschutz müssen hier ihren stimmigen Ausgleich suchen. – Also, noch einmal: Nicht alles, was zu meiner inneren Wahrheit gehört, werde ich auch verlautbaren. Aber *was* ich verlautbare, sollte erkennbar wahrhaftig sein.

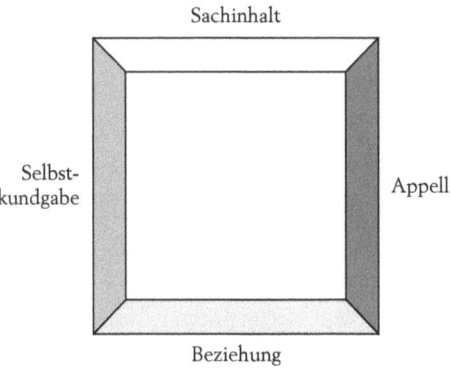

6 Das Kommunikationsquadrat zeigt die vier Botschaften einer Äußerung, die in jedem Kommunikationsakt simultan präsent sind. Es lässt sich – auch in der Krisenkommunikation – als Instrument der Selbstklärung und als Werkzeug der Fokussierung einsetzen. Die Leitfrage lautet, welche Botschaft man öffentlich auf der Ebene des Sachinhaltes, des Appells, der Beziehung und der Selbstkundgabe vermitteln möchte.

PÖRKSEN: Mögen Sie diese Analyse- und Klärungsarbeit einmal ganz konkret anhand der tatsächlichen und möglichen Reaktionen von Karl-Theodor zu Guttenberg vorführen? Er selbst hat ja folgendermaßen reagiert – ich zitiere aus seiner Erklärung nach dem Aufkommen der Vorwürfe: »Meine von mir verfasste Dissertation ist kein Plagiat, und den Vorwurf weise ich mit allem Nachdruck von mir. Sie ist über etwa sieben Jahre neben meiner Berufs- und Abgeordnetentätigkeit als junger Familienvater in mühevollster Kleinarbeit entstanden, und sie enthält fraglos Fehler. Und über jeden einzelnen dieser Fehler bin ich selbst am unglücklichsten. Es wurde allerdings zu keinem Zeitpunkt bewusst getäuscht oder bewusst die Urheberschaft nicht kenntlich gemacht. Und sollte sich jemand hierdurch oder durch unkorrektes Setzen und Zitieren oder versäumtes Setzen von Fußnoten bei insgesamt 1300 Fußnoten und 475 Seiten verletzt fühlen, so tut mir das aufrichtig leid. Die eingehende Prüfung und Gewichtung dieser Fehler obliegt jetzt der Universität Bayreuth.« Das ist die Strategie der Leugnung und der Bagatellisierung, ein Lehrbuchbeispiel für eine Grenzüberschreitung zweiter Ordnung, die selbst wieder neue Empörung provoziert hat. – Erneut: Wie würden Sie mit Hilfe des Kommunikationsquadrates seine Botschaften beschreiben, welche würden Sie anders akzentuieren?

SCHULZ VON THUN: Über die Bagatellisierung auf der Sachebene haben wir schon gesprochen. Die stimmige Selbstkundgabe wäre eine Frucht ehrlicher Selbstprüfung. Vielleicht hätte sie so klingen können: »Ich bin unangenehm überrascht, dass mir jetzt Fehler in meiner damaligen Doktorarbeit vorgehalten und nachgewiesen werden. Nach einer ersten Prüfung des Sachverhaltes muss ich einräumen, dass ich tatsächlich an verschiedenen Stellen die Gedanken und Formulierungen von anderen Autoren übernommen und nicht als solche gekennzeichnet habe. Das sehe ich als eine Verfehlung an, die mir nicht hätte unterlaufen dürfen. Damals, bei der Abgabe der Arbeit, hatte ich ein gutes Gefühl und war voller Zuversicht in Erwartung des Gutachtens. Dieses gute Gefühl hat jetzt einen erheblichen Dämpfer erlitten. Ob die Versäumnisse der Kennzeichnungspflicht so gravierend sind, dass der Wert der gesamten Arbeit damit infrage steht, das müssen jetzt die Gutachten der Universität prüfen. Unnötig zu sagen, dass ich natürlich jedes Urteil akzeptieren werde.« – So weit zu den ersten beiden Ebenen.

PÖRKSEN: Stattdessen finden sich in Karl-Theodor zu Guttenbergs Erklärung Ich-Botschaften, die eigentlich davon handeln, dass er selbst ganz besonders unglücklich über fehlerhafte Zitate sei; dann wird erwähnt, dass sein Manuskript aus vielen Hundert Seiten und 1300 Fußnoten besteht. Eigentlich lobt er sich hier als Schwerstarbeiter im Bergwerk der Wissenschaft.

SCHULZ VON THUN: Man kann hier eines erkennen: Ein solcher Moment ist definitiv der falsche Zeitpunkt, um die eigene Selbstaufwertung zu betreiben, denn zum Bedauern gehört ja auch etwas Demütiges, Kleinlautes, Zerknirschtes. Bloß nicht auf hohem Ross nach Canossa! Insofern möchte man ihm zurufen: Sei dein eigener Jubelperser, aber bitte nicht in dem Moment, in dem du eine Verfehlung zugeben musst!

PÖRKSEN: Damit kommen wir zur Beziehungsbotschaft, die in jeder Äußerung enthalten ist. Was halte ich von dem anderen? Betrachte ich ihn als ein gleichberechtigtes Gegenüber, schätze ich ihn? Nehme ich ihn ernst? Scheint er mir neutral oder parteiisch? All das kann in der Art der Äußerung mitschwingen.

SCHULZ VON THUN: Und da kommt jetzt die Frage: Wie stehe ich zum Adressaten, und wie lasse ich das auf und zwischen den Zeilen anklingen? Wenn wir unter vier Augen sind, ist der Adressat klar definiert. In der öffentlichen Kommunikation haben wir aber sehr viele Adressaten – und alle verfügen über ein hochempfindliches Beziehungsohr. Und was den einen aufwertet, empfindet der andere als diskriminierend. Wer sind die »Gegenüber« von Karl-Theodor zu Guttenberg, wenn er eine öffentliche Stellungnahme abgibt? Da sind die Ankläger, da sind die betroffenen unzitierten Wissenschaftler, da sind seine ehemaligen Gutachter an der Universität, da sind die Journalisten und die Bürger des Landes, dessen Minister er ist.

Eine Bewusstheit der Adressatenvielfalt wäre der erste Schritt für eine gelingende Kommunikation.

PÖRKSEN: Der Verteidigungsminister hat in dieser ziemlich unübersichtlichen Lage eine eigentlich ganz klassische Strategie gewählt und zunächst die Überbringer der schlechten Botschaft mit dem Verdacht der Parteilichkeit belegt.

SCHULZ VON THUN: Ja. Seine ersten Stellungnahmen enthielten eine Absurditätsbescheinigung an die Ankläger, man konnte heraushören: »Mit einer geradezu bösartigen Emsigkeit sucht ihr nach kleinen Flüchtigkeitsfehlern in einer längst verjährten Doktorarbeit und wollt mir daraus einen Strick drehen! Völlig unverhältnismäßig schießt ihr mit Kanonen auf Spatzen – ich kann es nur abstrus nennen!« – Dass ihm diese Beziehungsbotschaft als arrogant und herablassend ausgelegt wurde, konnte nicht überraschen. – Um die Beziehungsbotschaft an die betroffenen Wissenschaftler hat er sich bemüht mit dem Satz: »… und sollte sich jemand hierdurch oder durch unkorrektes Setzen und Zitieren oder versäumtes Setzen von Fußnoten bei insgesamt 1300 Fußnoten und 475 Seiten verletzt fühlen, so tut mir das aufrichtig leid.« Bei dieser Formulierung kann man leicht heraushören: »Und sollte jemand so hochempfindlich sein, dass er sich durch solche Kleinigkeiten verletzt fühlt …« – Anders würde es so klingen: »Es geht hier nicht nur um wissenschaftliche Korrektheit, sondern es gebietet auch der Respekt vor der geistigen Leistung anderer, dass man auf ihre Urheberschaft hinweist, wenn man ihre Gedanken übernimmt. Es tut mir leid, dass ich das an etlichen Stellen versäumt habe.«

PÖRKSEN: Nun zur Appellebene. Hier geht es um Wirksamkeit einer Äußerung; man will Einfluss nehmen, Wirklichkeit verändern, verkündet eine Bitte oder einen Befehl, legt – mal explizit, mal eher implizit – nahe, was nun nach eigener Auffassung geschehen sollte.

SCHULZ VON THUN: Auch für die Appellebene gilt, dass es viele unterschiedliche Adressaten gleichzeitig gibt. Möglicherweise wäre es stimmig gewesen, auf dieser Appellebene folgende Bitten auszusprechen: »Ich bitte die Wissenschaftskollegen ausdrücklich um Verzeihung, dass ich ihre Gedanken zwar übernommen, aber nicht korrekt zitiert habe. Aus Respekt vor der geistigen Leistung wäre das geboten gewesen, nicht nur um der formalen Zitierpflicht zu genügen. Und eine zweite Bitte möchte ich an alle richten: Bitte nehmen Sie es mir ab, dass mir dies unterlaufen ist – und dass es sich nicht um einen bewussten Täuschungsversuch gehandelt hat!«

Die Entschuldigungs-Paradoxie

PÖRKSEN: Sie liefern damit noch keine fixe Strategie, sondern eine Hilfestellung zur Klärung der eigenen Position und ein Werkzeug zur Präzisierung der Botschaften auf allen vier Ebenen, die man vermitteln möchte oder doch vermitteln sollte.

SCHULZ VON THUN: Ja, mit der Idee, die Quadratur meiner Entgegnung klar vor Augen zu bekommen und sie auf stimmige Weise transportfähig zu machen. Das heißt: wahrheitsgetreu, selektiv wahrhaftig, beziehungsverträglich und wirksamkeitsverheißend – mit Rücksicht auf Rolle, Kontext und Adressatenschaft.

PÖRKSEN: Eine Ihrer Empfehlungen lautete nicht von *Fehlern*, sondern von *Verfehlungen* zu sprechen. Allerdings birgt dies, so scheint mir, ein eigenes Risiko. Man muss dann nämlich die eigene Integrität anzweifeln, vielleicht von übertriebenem Ehrgeiz sprechen und von dem Wunsch, immer der Beste zu sein, andere mit seinen angeblichen Leistungen zu blenden. Hier offenbart sich ein Dilemma: Die öffentliche Selbstrechtfertigung soll ja die Empörung dämpfen, das eigene Image irgendwie retten. Und die Rede von einer Verfehlung und einem charakterlichen Defizit kann, jetzt mal rein strategisch gesprochen, falsch sein, weil sie das Bild der eigenen Person endgültig kontaminiert.

SCHULZ VON THUN: Diese Gefahr besteht – und deswegen ist es auch so verführerisch, den eigenen Schuldanteil eher kleinzureden, wie wir das ja meistens gewohnt sind. Allerdings will ich sofort einwenden: Wenn ich eine tatsächlich nachweisbare Verfehlung zum Fehler verharmlose, dann ist dies bereits eine zumindest minimale Vertuschung und ein Akt der Beschönigung, der es einem erschwert, die eigene moralische Integrität wiederzugewinnen. Die eigene Erklärung kann so keine Substanz gewinnen, weil man schon in der Wahl der Begrifflichkeit auf die Image-Schadensbegrenzung und nicht auf eine haltbare, umfassende Aufklärung des Geschehens zielt. Wer hingegen eine Verfehlung bekennt, begibt sich erkennbar zurück auf die Seite der Integrität. – Das andere Extrem wäre die übertriebene Selbstkasteiung, die man auch nicht wirklich empfehlen kann.

PÖRKSEN: Mir wird bei dem, was Sie sagen, deutlich, dass die öffentliche Rechtfertigung sich notwendig in einer eigentümlichen Paradoxie zu verfangen droht. Sie ist einerseits eine authentische Selbstkundgabe, das offene, vielleicht auch schockierende Eingeständnis eines Vergehens. Und sie ist andererseits unvermeidlich, will man nicht einfach nur heulend und schluchzend vor den Augen der Kameras zusammenbrechen und ganz und gar die Kontrolle verlieren, notwendig strategisch motiviert, geht es doch darum, die Kritiker irgendwie einzufangen und die aufgebrachte Öffentlichkeit zu besänftigen und zu beruhigen. Die Paradoxie besteht darin, dass man das strategische Kalkül in der Kommunikation unsichtbar machen muss, damit die öffentliche Entschuldigung auch tatsächlich verfängt und in ihrer Wirkung funktioniert. Sehen Sie das auch so?

SCHULZ VON THUN: In der Tendenz schon. Je offensichtlicher die eigene Raffinesse und das Wirkungskalkül dominieren, desto stärker gefährde ich den Erfolg meines eigentlichen Anliegens und desto wahrscheinlicher ist es, dass ich durch die Art und Weise der Rechtfertigung die Empörung zweiter Ordnung wieder anfache und die Ankläger provoziere. Denn die Adressaten bemerken den Wirkungswillen, erkennen die Absicht und sagen dann womöglich: »Mann, der macht das aber geschickt! Ein Vollprofi! Diese Ehrlichkeits- und Betroffenheitsmasche! Damit hat er sich die Bestnote im Management des Bedauerns verdient!« Für die eigentlich intendierte Wirkung ist ein solcher Eindruck natürlich ein Desaster.

PÖRKSEN: Genau dieser Eindruck der Überinszenierung stellt sich ein, wenn man sieht, wie ritualisiert Entschuldigungen und öffentliche Reuebekenntnisse inzwischen formuliert werden, insbesondere in den USA. Mir ist das deutlich geworden, als ich mich mit dem beschäftigte, was man *apology dramatics* nennt: die theatralische Bitte um Vergebung im Medium der Öffentlichkeit. Wer dergleichen beobachtet, der wird misstrauisch. Zuerst kommt etwas auf, was der Psychologe Inghard Langer einmal den Funktionalitätsverdacht genannt hat. Und dieser Verdacht kann sich – so sein Begriff – bis zu einer *Funktionalitätsvergiftung* steigern. Man fühlt sich am Ende einfach missbraucht, weil Kommunikation hier rein instrumentell eingesetzt wird.

SCHULZ VON THUN: Haben wir ein Beispiel dafür, wie jemand allzu geschmeidig als Vollprofi der Wirkungsoptimierung zutage tritt?

PÖRKSEN: Denken wir an das Skandalmanagement von Tiger Woods, Star-Golfer und erster Selfmade-Milliardär der Sportgeschichte, der kürzlich ein spektakuläres Comeback feierte. Seine Art der Reaktion auf Klatsch- und Sexberichte illustriert die übertriebene Inszenierung von Reue im öffentlichen Raum. Was war passiert? Im Jahre 2009 tauchten in den US-Medien Berichte auf, die von außerehelichen Affären des Sportlers handelten. Magazine und Netzportale veröffentlichten SMS-Botschaften von Tiger Woods, die er an Frauen geschrieben hatte. Ein Porno-Star und diverse Ex-Geliebte tingelten durch die Radio- und Fernsehshows und lieferten Details.

SCHULZ VON THUN: Wie hat der gerade noch gefeierte Sportler reagiert?

PÖRKSEN: Zunächst hat er seine Website zu einer störungsfreien Quelle der Selbstdarstellung umgebaut, hier um Entschuldigung und Respekt vor seiner Privatsphäre gebeten, die Boulevardjournalisten kritisiert. Aber dann wurde der Druck der Medien und der Sponsoren doch zu groß. Und Tiger Woods veranstaltete eine live übertragene Pressekonferenz in Gegenwart von Freunden und Angehörigen und im Beisein seiner Mutter, die immer wieder gezeigt wird und die er am Schluss lange umarmt. Er bekennt seine Schuld und sagt, er habe sich in Therapie begeben. Er bittet immer wieder um Verzeihung, man hört ein leichtes Schluchzen. Er erwähnt, dass er sich erneut dem Buddhismus zugewandt habe, und versucht die Katharsis vor der Kamera – dies in einem Moment, in dem die Sponsoren abspringen und ihn die Klatschjournalisten erbarmungslos jagen. Und es entsteht der Eindruck ...

SCHULZ VON THUN: ... eines großen Herzkinos, das auf Wirkung zielt. Vielleicht sind die dahinterstehenden Gefühle wirklich authentisch, aber sobald das Authentische inszeniert wird, vielleicht noch mit dramaturgischer Raffinesse, verliert es eigenartigerweise die Qualität des Authentischen. Man unterstellt demjenigen, der sich da im Licht der Kameras windet, eine berechnende Absicht – und man ist verstimmt. Es ist eben ein Unterschied, ob jemand *weint* oder ob er *auf die Tränendrüse drückt*. Zuweilen geschieht es aber auch, dass manche Empfänger eine solche Wirkungsabsicht unterstellen, abschätzig von »Betroffenheitsrhetorik« sprechen, wenn jemand sich unverstellt zeigt.

Abschied vom Rezeptdenken

PÖRKSEN: Wir nähern uns der Zielgeraden zum Abschluss dieses Gesprächs. Mein persönliches Fazit: Kommunikation, zumal im öffentlichen Raum und zumal unter den Bedingungen der digitalen Vernetzung, ist kaum kontrollierbar. Wer sichtbar wird, der wird auch verwundbar. Wer sich authentisch gibt, der wird auch angreifbar, gibt sich in der Selbstoffenbarung unvermeidlich eine Blöße, die andere nutzen können. Und auch der Versuch, Angriffe abzuschwächen, kann genau das Gegenteil dessen auslösen, was man eigentlich erreichen wollte, einfach nur, weil inszeniert erscheint, was man doch vielleicht auch ganz ernst gemeint hat. Kurzum: Es ist die elementare Unberechenbarkeit der Kommunikation, positiver gesagt, die Unvermeidlichkeit der Überraschung, von der unser Gespräch handelt.

SCHULZ VON THUN: Zwar wird das Bemühen um Stimmigkeit auf allen vier Feldern des Kommunikationsquadrates die Chance auf Verstehen und Verständnis deutlich erhöhen. Stimmig ist eine Verlautbarung dann, wenn sie erstens auf Wahrheit beruht, zweitens in unaufdringlicher Weise wahrhaftig ist und drittens beziehungsverträglich formuliert ist und zu einer konstruktiven Reaktion einlädt. Aber was Sie sagen, stimmt auch und erzwingt den Abschied von der Kontrollillusion: »Wenn ich nur alles richtig mache und die Rezepte der Berater befolge, kann ich die erwünschte Wirkung erzielen!« Leider (oder gottlob) nein! Jede schwierige Situation enthält ihre Dilemmata. Und während ein Problem vielleicht lösbar ist, kann ich mit einem Dilemma nur so oder so umgehen – mit der Folge, auf irgendeiner Seite etwas schuldig zu bleiben. Wie sich das dann auswirkt, muss ich abwarten und damit leben.

PÖRKSEN: Zu einer Bilanz und einem Fazit gehört damit auch: Was sich vermitteln lässt, sind allenfalls Metarezepte, geistige Rahmenbildungen und gedankliche Werkzeuge, um im möglichst hellen Bewusstsein abzuwägen, was man tun könnte und vielleicht tun sollte. Und wie sich die möglichen Folgen und auch Risiken darstellen.

SCHULZ VON THUN: Das ist es, genau. Allerdings werden wir mit einem solchen Ansatz, der für Stimmigkeit und Dilemmabewusstsein wirbt, auf dem Markt der Rezeptologen keine besonderen Begeisterungsstürme auslösen. Erlauben Sie mir eine etwas ironische Schlussbemerkung. Ich würde sagen: Wir brauchen noch ein Schlagwort, zum Beispiel eine einigermaßen rätselhaft und neu klingende Abkürzung, die als ein Label für unseren eigenen Ansatz taugen könnte. Mein Vorschlag: die »DBSE-Formel«.

PÖRKSEN: Das klingt toll. Aber was ist die DBSE-Formel? Sie sprechen in Rätseln.

SCHULZ VON THUN: Hierbei handelt es sich um die *dilemmabewusste Strategieentwicklung*, die es heute auf den immer unkontrollierbarer werdenden Kommunikationsmärkten braucht. Das ist der letzte Schrei, das Metarezept der Stunde, DBSE. Analysiere die Kontexte! Erkenne dein Dilemma! Begreife das Risiko! Kalkuliere den Preis! Und agiere dementsprechend reflektiert und stimmig! Was, das kennen Sie noch nicht? Alles andere taugt nichts, ist bestenfalls von vorgestern, unterkomplex, naiv.

PÖRKSEN: Herrlich, ja. Damit sollten wir enden. Das ist es. Die Lösung heißt DBSE.

IV.

Desinformation und Manipulation

Kult der Pseudo-Skepsis

PÖRKSEN: Ich will Ihnen einen kurzen Ausschnitt aus einem CNN-Interview mit Donald Trump zeigen. Es stammt aus dem Jahre 2012. Damals war es noch unvorstellbar, dass der angeberhafte, durch die Fernseh- und Wrestling-Shows marodierende Immobilientycoon aus New York eines Tages Präsident der Vereinigten Staaten werden könnte, das Land wird in dieser Zeit von Barack Obama regiert. Im Gespräch mit CNN propagiert Trump, der damals schon mit dem Gedanken an eine politische Karriere spielt, die von Rassisten verbreitete Verschwörungstheorie, Barack Obama sei in Wirklichkeit kein US-Amerikaner, sondern in Kenia geboren, daher als Präsident nicht wirklich legitimiert. Mögen Sie beschreiben, was sich hier abspielt?

SCHULZ VON THUN: Ja. Da ist der Journalist Wolf Blitzer, der gar nicht glauben mag, was Donald Trump hier von sich gibt – nämlich, dass die Geburtsurkunde von Barack Obama und auch die Geburtsanzeige in einer Lokalzeitung womöglich gar nicht echt seien und es jede Menge Zweifel gebe, was die Umstände seiner Geburt angehe. Und so blendet er die Originaldokumente ein, konfrontiert Trump mit Belegen, der jedoch unverdrossen behauptet: Viele Leuten würden nicht an die Echtheit der Dokumente glauben, Namen wolle er jedoch nicht nennen. Der Reporter zitiert schließlich den republikanischen Präsidentschaftskandidaten Mitt Romney, den Trump zu jener Zeit unterstützt, nennt also einen auch aus der Sicht des Immobilienunternehmers unverdächtigen Zeugen. Selbst Romney würde so doch anerkennen, dass Barack Obama amerikanischer Staatsbürger sei, und sich nicht mit derart lächerlichen Verschwörungstheorien abgeben. Trump darauf wörtlich: »Er hat seine Meinung, und das ist wunderschön. Und ich bin nun mal anderer Meinung, und das ist auch wunderschön.«

PÖRKSEN: Das ist für mich die Schlüsselstelle des gesamten Interviews, das, nebenbei bemerkt, auch eines demonstriert: die Erregungsgier des Fernsehens, die Neigung, ein Nonsens-Thema zum Aufreger hochzujazzen, nur weil es Spektakel und Quote verspricht. Donald Trump hat mit seinen Provokationen, so muss man sagen, das Mediensystem gehackt. Sein Aufstieg ist nicht vorstellbar ohne die Starthilfe des Fernsehens und das Zusammenspiel alter und neuer Medien, die in einem Wirkungsnetz dem Mann zu totaler öffentlicher Dominanz verholfen haben, einer endlosen Dauerwerbesendung für seine haltlosen Spekulationen. – Mögen Sie fortfahren in Ihrer Kommentierung?

SCHULZ VON THUN: Was sich in dieser Szene zeigt, ist eine dummdreiste, rotzfreche Rhetorik, um in der peinlichen Situation einer sachlichen Widerlegung den Kopf doch noch irgendwie oben zu behalten. Der Trick besteht darin, ein belegtes Faktum zum bloßen Meinungsartikel umzudeklarieren und auf diese Weise die Gleichwertigkeit »zweier wunderschöner Meinungen« zu suggerieren. – Aber ist das nicht schnell durchschaut, ist damit nicht schon alles gesagt? Warum weiter darüber sprechen? Wenn jemand trotz der Widerlegung seelenruhig bei seiner Behauptung bleibt, jeden Beleg schuldig bleibt, jede Beweispflicht für eine ehrverletzende Behauptung verneint, dann können wir die Sache doch kopfschüttelnd beiseitetun, oder?

PÖRKSEN: Ich bin mir da nicht so sicher, weil mir diese kleine Szene und das medial so wirksame Spiel mit frei erfundenen Behauptungen und seltsamen Verschwörungstheorien – im Rückblick betrachtet – wie die Testphase einer Propagandatechnik erscheint, die tatsächlich Erfolg hatte. Im Wahlkampf war dann die Rede davon, Hillary Clinton sei in die Ermordung eines FBI-Agenten verwickelt und der Papst empfehle Donald Trump zur Wahl – Falschbehauptungen, die in den sozialen Netzwerken häufiger geteilt wurden als die Berichte seriöser Medien. Und heute ist Donald Trump Präsident. Den menschengemachten Klimawandel gibt es nicht, es handelt sich um eine Erfindung der Chinesen, so behauptet er. Impfen erzeugt Autismus, so verkündet er auf Twitter. Es kämen täglich Tausende von kriminellen Mexikanern illegal in die USA, so wird er nicht müde zu betonen. Das Beunruhigende ist ...

SCHULZ VON THUN: ... dass er trotz oder sogar wegen solcher Lügen zum Präsidenten gewählt wurde ...

PÖRKSEN: ... und das bedeutet: Wir sprechen über das Phänomen einer eigentümlichen Skandalimmunität und die Folgenlosigkeit der Lüge ...

SCHULZ VON THUN: ... und dies gibt dann in der Tat Anlass zur Sorge; da gebe ich Ihnen recht. Im unmittelbaren menschlichen Zusammenleben würde jemand, der derart notorisch die Unwahrheit sagt, schnell der Ächtung und dem Spott anheimfallen. Wie kann es geschehen, dass seine öffentlichen

Falschbehauptungen bei der Hälfte der amerikanischen Wählerinnen und Wähler nicht zu einer Disqualifikation führen?

PÖRKSEN: Wie lautet Ihre eigene Erklärung?

SCHULZ VON THUN: Ich erkläre mir das so: Die Lügen und Falschbehauptungen werden nicht in erster Linie in die Welt gesetzt, um eine kritische Öffentlichkeit zu überzeugen. Sondern sie dienen als flankierende Maßnahmen dazu, eine bereits bei den Anhängern vorhandene Weltsicht und eine bereits gewünschte Politik zu bestätigen und zu befeuern. Die Anhänger denken und sagen dann: »Okay – vielleicht sind es nicht Tausende von kriminellen Mexikanern, die täglich ins Land strömen – mögen es nur ein paar Hundert sein – schlimm genug! Und Trump hat in einem höheren Sinne recht, wenn er das anprangert hat – endlich mal einer! – Okay, mag Obama in den USA geboren sein (oder auch nicht, wer kann das schon wissen, wir waren ja nicht dabei ...), aber in einem höheren Sinne hat Trump recht: Der Mann ist fremd, er repräsentiert nicht das Amerika, auf das ich stolz bin, stolz sein möchte! Okay – mag Hillary Clinton meinetwegen keinen Mord begangen haben (wer will das schon so genau wissen?). Aber in einem höheren Sinne hat Trump doch recht: Diese Frau gehört weggesperrt!«

Die Lüge als Programm

PÖRKSEN: Ihre Einschätzung deckt sich mit einer Überlegung, die die Philosophin Hannah Ahrendt einmal formuliert hat. Die Propagandalüge, so Ahrendt im Blick auf die NS-Zeit und das Phantasma von der jüdischen Weltverschwörung, ist eigentlich bei genauerer Betrachtung eine Programmformel, die Ankündigung eines Wollens und einer Tat, keine Sachaussage, über deren Realitätsgehalt sich der Streit lohnen würde. Wer von der jüdischen Weltverschwörung spricht, der sagt: Wir müssen uns – dringend, unbedingt – gegen die vermeintliche Übermacht von Juden stellen und sie bekämpfen.

SCHULZ VON THUN: Und nur, wer eine solche dunkle Gesinnung im Herzen trägt, wird die Sachbehauptung gerne glauben, als dankbarer Empfänger eines Wassers auf seine Mühle. Allerdings ist die Technik, angebliche Sachaussagen ganz in den Dienst einer Appellbotschaft zu stellen, keine, die nur von raffinierten, besonders bösartigen Propagandisten praktiziert würde. Sie ist allgemein menschlich. Und manchmal beginnt der Lügner (oder der, der die Fakten sehr selektiv wahrnimmt) selbst an seine Lügen zu glauben, weil der Wunsch, sein Selbst- und Weltbild möge unterstützt und aufrechterhalten werden, seine Wahrnehmung des Faktischen überformt. Schon bei Nietzsche heißt es: »Das habe ich getan«, sagt mein Gedächtnis. »Das kann ich nicht getan haben«, sagt mein Stolz und bleibt unerbittlich. Endlich – gibt das Gedächtnis nach.«

PÖRKSEN: Lässt sich ein Beispiel finden, das die Alltäglichkeit dieser Täuschung und Selbsttäuschung illustriert?

SCHULZ VON THUN: Spontan fällt mir nur ein kleines Erlebnis aus Kindertagen ein, wo ich selbst der Missetäter war. Als kleiner Junge habe ich im Garten meines Großvaters einmal eine tief hängende Birne angebissen, um zu testen, ob sie schon reif ist. Und dann wurde mir klar: »Oh, jetzt hängt da eine angebissene Birne am Baum! Mein Großvater wird entsetzt sein, denn der Garten ist sein Heiligtum!« Also habe ich behauptet (und wohl auch selbst glauben wollen): »Hansi, der

Nachbarsjunge, war es! Er hat da reingebissen!« Die erfundene Sachbehauptung dient hier allein der eigentlich intendierten Appellwirkung, die da heißt: »Bitte, bestraft mich nicht – dann schon lieber Hansi!«

PÖRKSEN: Ich halte fest: Wir haben es mit einer verbreiteten Technik der Wahrheitsbeugung zu tun, die jedoch im Falle von Donald Trump zu einem eigenen, hochgradig einflussreichen Politik- und Propagandastil geworden ist, den man verstehen muss. Dieser Propagandastil zielt im Letzten darauf ab, ein Maximum an Verwirrung zu stiften, getreu dem Motto: Nichts ist sicher, alles ist zu bezweifeln. Es ist ein Kult der Pseudo-Skepsis, der hier sichtbar wird. Und dieser Totalzweifel ist in der öffentlichen Sphäre schon seit Langem außerordentlich wirksam.

SCHULZ VON THUN: Skepsis ohne den Hauch eines Beleges ist paranoisch oder manipulativ, so viel ist klar. Die Sache wird jedoch dadurch komplizierter, dass der Zweifel an der gesicherten Faktenlage oft durchaus berechtigt sein kann und dass wir zuweilen gut daran tun, eine Behauptung oder einen vorgeblich wissenschaftlichen Befund (»Etliche Studien beweisen ...«) mit Vorsicht zur Kenntnis zu nehmen. Prinzipiell ist der Zweifel ein durchaus ehrenwerter Mitspieler im menschlichen, wissenschaftlichen und politischen Miteinander. – Aber Sie wollen darauf hinaus, dass manche Einflussnehmer ihn auch ganz gezielt schüren, um Belege und Beweise, die einem nicht passen, in Misskredit zu bringen, richtig? Sie sagen: Hier zeige sich ein eigener Politik- und Propagandastil, den ein Donald Trump lediglich in extremer Weise vertritt. Können Sie weitere Beispiele nennen?

PÖRKSEN: Das Drehbuch der Propaganda, das Skript der Verwirrung, das heute politisch gefährlich wird, stammt von der amerikanischen Tabakindustrie. Hier hat man seit den 50er-Jahren mit großem Aufwand propagiert, man wisse gar nicht, ob Rauchen gesundheitsschädlich sei, Krebs erzeuge, Herzkrankheiten verursache und ob Nikotin überhaupt ein Suchtmittel darstelle – dies alles nachweislich wider besseres Wissen und quer zu den Erkenntnissen der eigenen Forschungsabteilungen. Die Wissenschaft, so die mit Hilfe einer PR-Firma und mit Hilfe von Pseudo-Experten verbreitete Behauptung, sei sich uneinig, alle sogenannten Beweise für die Schädlichkeit von Zigaretten müssten sorgfältig geprüft werden; und jede vorschnelle Regulierung, jedes Werbeverbot müsste unterbleiben, bis alle Fakten bekannt und alle Zusammenhänge sorgfältig geprüft seien. Der Zweifel und die Inszenierung einer eigentlich sinnlosen Kontroverse waren das Ergebnis einer sich über Jahrzehnte hinziehenden Kampagne, die eine sehr einfache, umfassend belegbare Wahrheit zertrümmern wollte: Rauchen tötet.

SCHULZ VON THUN: Vielleicht nicht mit dieser kausalen Zwangsläufigkeit (Sie sehen, ich bin auch schon vom Zweifel infiltriert!), aber sicher ist doch: Rauchen gefährdet erheblich die Gesundheit und kann mit beachtlicher Wahrscheinlichkeit zu einem vorzeitigen Tod führen. Aber allein das ist ja schlimm genug – wie ist die amerikanische Tabakindustrie konkret vorgegangen, um die Zweifel zu schüren?

PÖRKSEN: Es gab vier Schritte auf dem Weg zur öffentlichkeitswirksamen Verwirrung, vier Gebote für Pseudo-Skeptiker, denen man hier gefolgt ist. Das erste Gebot könnte man folgendermaßen formulieren: »Greife die etablierten Experten und die klassischen Institutionen der Wahrheitsermittlung an und versuche ihre Reputation zu demontieren!« Das zweite Gebot: »Baue ein Gegenmilieu aus Konferenzen, Zeitschriften und Kommissionen auf, das Wissenschaftlichkeit simuliert, und bezahle sogenannte Experten und angebliche Autoritäten, die immer und überall behaupten, die missliebige Wahrheit sei gar keine Wahrheit, sondern umstritten, zweifelhaft, fraglich!« Das dritte Gebot: »Mache die inszenierte Kontroverse medial bekannt! Und appelliere an die Fairness und die Objektivität von Journalisten!« Sie hätten, so wurde man nicht müde zu betonen, die Pflicht, auch *die andere Seite* anzuhören. Und schließlich das vierte und letzte Gebot: »Setze in der Phase der allgemeinen Verunsicherung deine Interessen rücksichtslos durch und nutze die allgemeine Verwirrung, um zu tun, was du tun willst!« Das ist ...

SCHULZ VON THUN: ... eine ebenso perfide wie hochprofessionelle Strategie zur Profitsicherung. Und womöglich haben die Akteure selbst daran geglaubt, dass sie sich wehren müssen, wenn ihr schönes Produkt in Misskredit gebracht werden soll. Wahrscheinlich waren sie selbst starke Raucher, die zur Abwehr eines inneren Widerstreits alles daransetzen, die Gefahren zu bagatellisieren und in Zweifel zu ziehen? Moralische Verwerflichkeit und psychodynamische Mechanik sind zuweilen eng miteinander verwoben.

PÖRKSEN: Das mag sein, gewiss. Aber unabhängig von den Motiven dieser Leute: Das Propaganda-Skript der Tabakindustrie ist nach wie vor brisant. Diejenigen, die den menschengemachten Klimawandel leugnen, haben diese Technik der Verwirrung längst für sich entdeckt, wie die Historiker Naomi Oreskes und Erik Conway in ihrem Buch *Die Machiavellis der*

Wissenschaft gezeigt haben. Auch hier baut man mit viel Geld eigene Milieus aus Pseudo-Experten auf, inszeniert Wissenschaftlichkeit in Gestalt eigener Zeitschriften, Konferenzen und Kommissionen, simuliert Fachkenntnis, um den wissenschaftlichen Konsens von der menschengemachten Klimaveränderung zu attackieren, instrumentalisiert schlecht informierte Journalisten, dies durchaus mit Erfolg. Drei von vier Deutschen meinen, das Thema sei unter Wissenschaftlern umstritten, was definitiv nicht stimmt. Und man kann, eben darauf kommt es mir an, die Nutzung dieser Propagandatechniken in anderen Feldern beobachten. Sie sind, um nur ein einziges weiteres Beispiel anzuführen, ein Element der Desinformationsstrategien Vladimir Putins, der auch in Deutschland eigene Auslandssender unterhält. Sie heißen Redfish, Sputnik Radio, RT. Und sie haben das Ziel, den Zweifel und die Konfusion zu verstärken und die Herausbildung eines Wahrheits-Konsensus in demokratischen Gesellschaften zu unterminieren. – Aber ich rede mich in Rage …

SCHULZ VON THUN: … das macht nichts, ich verstehe nun besser, warum Sie sich auch mit den grotesken Haudegen im Weißen Haus, die trotz aller offensichtlichen Gegenbeweise Unwahrheiten verbreiten, auseinandersetzen mögen. Und ich merke selbst, wenn ich Ihnen zuhöre, dass ich meine Abneigung, eine offensichtliche Unwahrheit überaus ernst zu nehmen, aus dem direkten menschlichen Miteinander ableite, nicht aus der Analyse öffentlicher Kommunikation. – Einmal angenommen, ich sage zu Ihnen: »Sehen Sie, da draußen auf dem Rasen, da stolziert ein Adler herum!« – Und Sie antworten mir: »Lieber Herr Schulz von Thun, ich weiß nicht, was Sie da sehen, aber es handelt sich definitiv um eine Ente!« Und wenn ich dann weiter darauf beharre, auf den Rasenflächen in

Hamburg-Poppenbüttel seien nun die Adler gelandet, und hinzufüge, wir hätten hier eben zwei unterschiedliche Meinungen und das sei doch wunderschön, dann würden Sie sich sagen: »Der macht wohl Spaß und findet es witzig!« Oder aber: »Der spinnt ein bisschen!« – Ich würde auch alsbald zu spüren bekommen, dass man zu mir auf Abstand geht, mir nicht mehr vertraut.

PÖRKSEN: Nur lassen sich aber Donald Trumps Provokationen nicht einfach als Clownereien abtun. Er droht via Twitter mit der Größe der atomaren Sprengköpfe, die Amerika besitzt; er attackiert den politischen Gegner und lügt nach Kräften. Wir wissen aus einer Statistik der *Washington Post*, dass der amerikanische Präsident durchschnittlich gut achtmal pro Tag die Unwahrheit sagt; seinen persönlichen Spitzenwert erreichte er, als Journalisten 125 Falschbehauptungen an einem einzigen Tag zählten. Und die irreführenden oder schlicht frei erfundenen Aussagen diffundieren dann aus dem Weißen Haus, dem Machtzentrum der westlichen Welt, in die Öffentlichkeit hinein. Man kommt also, bei aller Distanz zu den bizarren Auftritten dieses Mannes, gar nicht umhin, seinen Kommunikationsstil zu analysieren.

Kritik des Konstruktivismus

SCHULZ VON THUN: Ja, das Gefährliche ist, wenn notorische Unwahrheit mit Macht gepaart ist. Und das Verblüffende ist der Erfolg. Und was folgt aus der Analyse? Wie lautet die Schlussfolgerung, wenn wir erkennen, dass die Verwirrungstechniken, die Sie beschrieben haben, im öffentlichen Raum derart erfolgreich sind?

PÖRKSEN: Ich will erneut Hannah Ahrendt zitieren. Sie schreibt in einem Essay über *Wahrheit und Politik*, der schon 1967 im *New Yorker* erschien: »Wo Tatsachen konsequent durch Lügen und Totalfiktionen ersetzt werden, stellt sich heraus, daß es einen Ersatz für die Wahrheit nicht gibt«, so heißt es hier. »Denn das Resultat ist keineswegs, daß die Lüge nun als wahr akzeptiert und die Wahrheit als Lüge diffamiert wird, sondern daß der menschliche Orientierungssinn im Bereich des Wirklichen, der ohne die Unterscheidung von Wahrheit und Unwahrheit nicht funktionieren kann, vernichtet wird.« Das heißt für mich: Man kommt, unabhängig von erkenntnistheoretischen Fragen und dem philosophischen Zweifel an der Realität unserer Konstruktionen und Weltbilder, in diesen Zeiten um den entschieden und energisch geführten Wahrheitsstreit gar nicht herum. Das ist aus meiner Sicht die Konsequenz.

SCHULZ VON THUN: Dem ist sofort zuzustimmen, auch wenn wir einräumen müssen, dass »die Wahrheit« im konkreten Fall oft schwer zu ermitteln und nicht eindeutig ist. Und dass es in der Welt der Interpretationen – Paul Watzlawick spricht, wie zu Beginn unserer Gespräche erwähnt, von der *Wirklichkeit zweiter Ordnung* – sehr wohl geboten sein kann, zwei »wunderschöne Meinungen« nebeneinander gelten zu lassen. Aber soweit es um Fakten geht, gebe ich Ihnen unbedingt recht. Und doch: Ein wenig wundert mich aber Ihr Plädoyer für den Wahrheitsstreit, denn Sie gelten als Vertreter der Erkenntnistheorie des Konstruktivismus, die die Schlussfolgerung nahelegt: Jede Aussage über die Realität sei letztlich eine Frage der Perspektive und ein Machwerk des wahrnehmenden Subjekts. Manche Ihrer Veröffentlichungen tragen Titel wie *Die Gewissheit der Ungewissheit* oder *Wahrheit ist die Erfindung eines Lügners* – ein Buch, das Sie mit einem der Begründer dieser philosophischen Schule, dem Kybernetiker Heinz von Foerster, verfasst haben. Meine Frage an Sie: Haben die Konstruktivisten nicht dazu beigetragen, dass der Wahrheitsbegriff aufgeweicht, relativiert und geradezu demontiert worden ist?

PÖRKSEN: Darf ich einen Moment ausholen? Ich will versuchen, die Position meines Freundes und Lehrers Heinz von Foerster zu erläutern. Er hatte die Nazizeit als sogenannter Vierteljude überlebt und war von dem Wunsch beseelt, das Denken gegen die Verhärtung und den Dogmatismus zu impfen, weil er selbst, wie andere Begründer dieser Denkschule auch, die Folgen des ideologisch motivierten Wahrheitsterrors so hautnah erlebt hatte. Seine Variante des Konstruktivismus war als Korrektiv gedacht, als eine Anleitung zum Neu- und Andersdenken, die aber die Verbohrtheit des Gegenübers braucht und voraussetzt. Alleine und im Anschein des Absoluten steht ein solches Denken ziemlich kläglich da. Denn es ist eine Antwort, nicht eine eigene Heilslehre. Und verliert seinen Sinn, wenn man das Gegenbild des ideologischen Totalitarismus ausblendet.

SCHULZ VON THUN: Dann muss man das vor diesem Hintergrund verstehen?

PÖRKSEN: Ja, und das gilt nicht nur für Heinz von Foerster, sondern auch für andere Protagonisten des Konstruktivismus. Paul Watzlawick hat immer wieder davon berichtet, wie sehr ihn die Unterwerfungsbereitschaft von Menschen und der fehlende Widerstand in der NS-Zeit schockiert haben. Ernst von Glasersfeld verließ Österreich, als die Nationalsozialisten an die Macht kamen, und ging zunächst nach Australien, später nach Irland. Francisco Varela floh vor den Anhängern des Diktators Augusto Pinochet, der seine Gegner foltern und ermorden ließ, aus Chile nach Costa Rica; er verbrachte Jahre im Exil. Humberto Maturana blieb vor Ort, trotz manchmal bedrohlicher Situationen, der Festnahme nach einer Reihe von Vorlesungen, die als Aufruf zur Rebellion gedeutet wurden. Er wollte die Gefahr einer Ideologie verstehen und das Bewusstsein für ein demokratisches Miteinander am Leben erhalten, so hat er einmal gesagt.

SCHULZ VON THUN: Dieser biografische Hintergrund der Begründer des Konstruktivismus ist mir ganz neu. Aber kann das provozierende Spiel mit der Wahrheit nicht zumindest missverständlich sein? Was ist mit denen, die diese Vorgeschichte nicht kennen? Was mit jenen, die nichts von der Erfahrung der Diktatur wissen und daher auch gar nicht nachvollziehen können, dass eine solche Art des Philosophierens eine Gegenreaktion darstellt, welche gar nicht den Anspruch erhebt, eine neue Erkenntnistheorie in die Welt zu setzen, die ihrerseits unanfechtbar wäre?

PÖRKSEN: Ich denke, man sieht hier: Alles wird erst in einem Kontext sinnvoll. Und auch der Konstruktivismus ist – situativ betrachtet – eine philosophische Antwort auf die Erfahrung ideologisch begründeter Gewalt und den Terror der Wahrheitsfanatiker. Und doch treffen Sie einen wunden Punkt. Denn es gab und gibt in der Welt der bekennenden Konstruktivisten eine bestenfalls fahrlässige Rhetorik, frei nach dem Motto: Wir erfinden die Wirklichkeit, also ist alles möglich. Ich meine auch, dass der Konstruktivismus in einzelnen akademischen Milieus zu einflussreich geworden ist, sich an manchen Instituten und Universitäten von einer Außenseiterphilosophie in eine neue Orthodoxie verwandelt hat, ein starres System. Und hier, in dieser Welt der bekennenden Konstruktivisten weiß man sich dann zu versichern, dass absolute Objektivität unerreichbar sein muss und wir im Erkennen allesamt Befangene sind. Aber im Letzten sind solche Glaubensbekenntnisse – jenseits der universitären Sinnprovinzen und der kulturwissenschaftlichen Mini-Seminare – politisch vollkommen einflusslos geblieben. Und vielleicht ist das ganz gut so.

SCHULZ VON THUN: Dann gibt es keine geistige Kumpanei mit denjenigen Mächtigen dieser Welt, die die Wahrheit zum Spielball machen. Und auch inhaltlich gibt es keine Berührungspunkte?

PÖRKSEN: Die sehe ich nicht, nein. Ein Donald Trump, der Fake-News verbreitet, oder ein Vladimir Putin, der seine Leute behaupten lässt, es seien gar keine russischen Soldaten auf der Krim oder man habe nichts mit dem Abschuss der MH17 zu tun, vertritt keine auch nur einigermaßen konsistente konstruktivistische Position. Ich würde sagen: Wenn man Trump und Putin und ihr strategisches Spiel mit den Fakten schon erkenntnistheoretisch einordnen will, dann zeigt sich hier ein Hybrid, eine Zwitterform aus Philosophie und Propaganda, die man *postmodernen Fundamentalismus* nennen könnte. Der Wahrheitszweifel gilt immer nur für die andere Seite, den Gegner, den Feind. Die eigene Position wird jedoch mit maximaler Gewissheit, ideologischer Härte und einem glasharten Realismus verfochten. – Aber wir schweifen etwas ab. Daher nun in Ihre Richtung gefragt: Warum sind Ihrer Auffassung nach die Falschbehauptungen und Lügen eines Donald Trump überhaupt derart erfolgreich?

SCHULZ VON THUN: Ich sehe zwei Gründe: Zum einen gibt es eine mediale Asymmetrie zwischen Falschbehauptung und ihrer Korrektur. Die Lüge, zumal wenn sie ein Tabubruch ist, liefert erst einmal eine fette Schlagzeile. Hingegen hat die Richtigstellung, die nach einer Phase des Faktenchecks womöglich hinterherkommt, viel weniger Aufregungspotenzial. Schlagzeile gegen Fußnote – da hatte selbst David bessere Chancen gegen einen Goliath. Und den anderen Grund habe ich schon genannt: Trump liefert damit Wasser auf Mühlen, die bereits in Betrieb sind. Die Behauptungen mögen ja nicht immer haargenau stimmen, aber in einem höheren Sinne treffen sie den Nagel auf den Kopf – so die Anhänger! Ihre Angst vor Überfremdung, Kriminalität und Terror, vor gesellschaftlichem Wandel und sozialem Abstieg – diese Ängste erzeugen die Sehnsucht nach einem Hoffnungsträger, nach einem Erlöser, der sich nicht als feinsinniger Diplomat, auch nicht als erkenntniskritischer Akademiker, sondern als robuster Haudegen zu erkennen gibt. Falsche Sachaussagen fallen dann gar nicht ins Gewicht, solange sie die Beziehungsbotschaft hören: »Ihr seid verraten und verkauft worden – aber jetzt bin ich auf eurer Seite! Helft mir, den Augiasstall im Weißen Haus auszumisten!«

PÖRKSEN: So betrachtet wäre Donald Trump nicht einfach nur ein Lügner, sondern auch ein Meister der Metakommunikation, der in seinen haltlosen Attacken und Forderungen stets die Zusatzbotschaft für die Unzufriedenen und Verzweifelten vermittelt: »Alles wird besser, anders, großartiger, wenn ihr mir, dem Präsidenten, folgt!«

SCHULZ VON THUN: Ich würde ergänzen: Auf seine Weise ist er ein Virtuose der kommunikativen Quadratur – das wirksame Schwergewicht seiner Verlautbarungen liegt auf allen vier Seiten des Kommunikationsquadrates.[35] Auf der Ebene der *Sachinhalte* sagt er zum Beispiel: »Die USA werden von Verbündeten und Handelspartnern unfair benachteiligt. Viele Verträge, von der Washingtoner Politik ausgehandelt, sind zum Nachteil der USA.« Auf der Ebene der *Selbstkundgabe* formuliert er etwa: »Ich bin ein knallharter Typ und rede Klartext, wie mir der Schnabel gewachsen ist. Ich werde den Stall ausmisten, den ich im Weißen Haus vorfinde! Und nebenbei: Ich bin ziemlich grandios!« Auf der Ebene der *Beziehungsbotschaft*, gerichtet an die Anhängerschaft: »Ihr seid verraten und verkauft worden – das habt ihr nicht verdient! Ihr habt es verdient, wieder das alte gute und starke Amerika zu repräsentieren, das eure Vorfahren aufgebaut haben!« Und auf der Ebene des *Appells:* »Folgt mir, damit alles wieder besser und großartig werden kann! Seht mich an – und ihr seht: Großartigkeit ist möglich, auch und gerade hierzulande!«

PÖRKSEN: Das hieße dann: Eigentlich fällt – durch die so erzeugte emotionale Wucht – der Sachinhalt gar nicht so sehr ins Gewicht; es geht um die große Botschaft, das Drama, die Bedrohung und Gefahr, die Rettung der Verlorenen, die Feier eigener Größe. Und doch gibt es auch diejenigen, die inhaltlich auf sehr direkte, unmittelbare Weise glauben, was man im Umfeld von Donald Trump an Falschnachrichten und bloßen Behauptungen verbreitet. Erneut ein Beispiel: Als in den sozialen Netzwerken das Gerücht aufkam, Hillary Clinton sei Vorsitzende eines Pädophilenclubs, der sich in einer Pizzeria in Washington trifft, stürmte schließlich ein Mann mit einem Gewehr das Restaurant. Er konnte, bevor Schlimmeres geschah, überwältigt werden.

SCHULZ VON THUN: ... und hat alles, was da an Gerüchten kursierte, wörtlich genommen, sie für sich als Faktum interpretiert. Auch diese Episode zeigt: Wir dürfen nicht aufhören, den Lügner zu entlarven und zu sanktionieren und den Wahrheitsstreit mit aller Hartnäckigkeit zu führen. Und es wird die Brandgefährlichkeit öffentlicher Kriminalisierung offenbar: Wer sie verlautbart, mag meilenweit von Gewalt und Lynchjustiz entfernt sein – aber unter seinen Millionen von Lesern sind wahrscheinlich einige nur Millimeter davon entfernt.

PÖRKSEN: Aber wie könnte in den Zeiten der allgemeinen Verunsicherung und der immer effektiveren Desinformation dieser Wahrheitsstreit aussehen, für den wir beide plädieren? Haben Sie Vorschläge und Ideen, die vom Programmatischen ins Konkrete führen?

SCHULZ VON THUN: Hängt von der Situation ab! Arbeite die Besonderheit der Situation heraus, damit du nicht in Schablonen sprichst und schreibst! Zu wem sprichst du? Zu den eigenen Anhängern? Dann reicht es, wenn du kraftvoll und persönlich über die Faktenlage aufklärst, mit einem Schuss Polemik gegen alle die, denen diese Wahrheit nicht in den Kram passt. – Willst du auch oder vor allem deine Gegner im Wahrheitsstreit erreichen (und *bei ihnen* etwas erreichen)? Dann hast du die Wahl: Du kannst sie mit ihrer Verlogenheit, mit ihrer intellektuellen Kläglichkeit, mit ihrer geradezu pathologischen Realitätsverweigerung konfrontieren. Dann sind die Fronten klar und der Dialog suspendiert. Es mag Situationen geben, wo dies ehrlich ist und ohne sinnvolle Alternative. Oder du willst das dialogische Miteinander nicht oder noch nicht aufgeben, willst eine Streitkultur fördern, in der die Wahrheit zu zweit beginnt und die Brücke zum Gegner ausgebaut wird.

Dann brauchst du, neben dem, dass du Farbe bekennst und auf der faktischen Wahrheit bestehst, das dialogische Repertoire aus dem vorangegangenen Kapitel: Respekt vor dem Menschen, auch wenn er irrt, die wohlwollende Unterstellung, dass auch er auf seine Weise nach dem Guten und Richtigen strebt, die Empathie für das, was ihn in diese Position hineingetrieben hat, und die Bereitschaft, das Körnchen Wahrheit einzuräumen, das du in seiner Haltung entdecken kannst.

Das Prinzip der Negativ-Würdigung

PÖRKSEN: Das scheint mir, praktisch gesprochen, schwer vorstellbar, weil man eigentlich dazu aufgefordert ist, auch die maximal abseitige Ansicht als irgendwie sinnvollen Diskussionsbeitrag anzuerkennen. Vielleicht ganz konkret: Es gab im Rahmen der Pro-Brexit-Kampagnen zahllose Falschbehauptungen, die im Netz in Form von sogenannten Dark Ads an sehr spezielle Zielgruppen ausgespielt wurden, also nur für diese zu sehen und damit der öffentlichen Debatte und Kritik entzogen waren. So haben die Kampagnenmacher beispielsweise in massenhaft verbreiteten Postings und Anzeigen behauptet, die Europäische Union wolle Teekessel verbieten …

SCHULZ VON THUN: … ernsthaft? Das war nicht als Scherz oder Satire gemeint?

PÖRKSEN: Nein, man stützte sich auf eine angebliche EU-Verordnung, die gezielt falsch interpretiert wurde. Weiter hieß es: Die EU blockiere den effektiven Schutz von Eisbären, handele also aus der Sicht von Tierschützern skandalös. Und sie erlaube 76 Millionen Türken die visafreie Einreise in Großbritannien, befördere also die unbegrenzte Zuwanderung, überdies könne man durch den Brexit jede einzelne Woche 350 Millionen Pfund sparen. All das waren klassische Fake-News, frei erfundene Horrornachrichten, die dazu dienten, unterschiedliche Gruppen von EU-Skeptikern zu mobilisieren. – Meine Frage an Sie: Können Sie eine solche Falschbehauptung einmal aufgreifen und die Kombination aus Analyse, Demontage und Würdigung demonstrieren, die Ihnen vorschwebt?

SCHULZ VON THUN: Nehmen wir die Behauptung, dass im Extremfall 76 Millionen Türken ohne Visum nach Großbritannien kommen könnten. Ein Politiker könnte darauf öffentlich entgegnen: »Nach meiner Überzeugung kann man durchaus der Auffassung sein, wir sollten aus der Europäischen Union austreten. Aber diejenigen, die sich dafür einsetzen, setzen in ihren Anzeigen falsche Aussagen und Lügen in die Welt. Das ist unanständig und verdient die öffentliche Ächtung. Wahr ist: Es gibt in der Europäischen Union für Türken keine Visafreiheit. Und wer dies trotzdem und ohne jeden Beleg behauptet, der weiß es nicht besser oder behauptet es wider besseres Wissen – beides wäre gleich schlimm. Entscheiden Sie nach eigenem Urteil, aber lassen Sie sich nicht für dumm verkaufen! Achtung, jede Menge Horrorpropaganda ist im Umlauf! Allerdings ist die Einschätzung, dass die Einwanderung nach Großbritannien leichter ist, wenn es in der EU verbleibt, nicht ganz abwegig. Das kann in der Tat ein Nachteil sein. Aber es ist möglich, damit klug umzugehen. Und vor allem: Die Nachteile, die wir durch einen Austritt zu erleiden hätten, sind knüppeldick und zehnmal schwerer. Für diese Einschätzung bin ich Ihnen eine fundierte Begründung schuldig …« (und genau die sollte dann folgen).

PÖRKSEN: Was aber ist – wenn Sie auf die Würdigung des Gegenübers nicht verzichten wollen – mit Standpunkten, die endgültig die Grenze in Richtung des Absurden kreuzen? Verschwörungstheorien liefern hier jede Menge Anschauungsmaterial. Man denke nur an die Behauptung, die Anschläge vom 11. September 2001 seien von den Amerikanern inszeniert worden, die deutsche Regierung oder wahlweise auch die europäische Politik würden systematisch den Bevölkerungsaustausch forcieren oder aber die Mondlandung des US-Amerikaners Neil Armstrong im Juli des Jahres 1969 habe gar nicht stattgefunden. Wie geht man mit solchen Behauptungen um?

SCHULZ VON THUN: Zwei Bemerkungen. Zum einen beharre ich darauf, dass der Kompass der Kommunikation stets im Konkreten justiert wird, dass es also im Sinne des Stimmigkeitsideals darum geht, passend zur Situation, rollengerecht, ohne Verleugnung der eigenen inneren Wahrheit zu formulieren. Insofern muss man, um wirklich eine sinnvolle Empfehlung liefern zu können, wissen: Wer spricht mit wem in welcher Situation und Rolle? Wenn mich jemand auf der Straße anpöbelt, dann wäre es absurd, seine Kontaktfreudigkeit zu würdigen, keine Frage! Aber allgemein gesprochen: Wenn ich einen Menschen gewinnen und mit ihm im Gespräch bleiben will, dann kann ich ein Minimum an Würdigung auch dann aufbringen, wenn ich seine Position für ganz abwegig halte.

PÖRKSEN: Aber noch einmal: Wir sprechen jetzt über Positionen, die zum *lunatic fringe* des Diskurses zählen. Und das heißt, es gilt nun auch im Unsinn den Sinn zu entdecken. Wie könnte das gelingen?

SCHULZ VON THUN: Ich nutze hierfür als mentale Hilfe das Wertequadrat, welches ja ein Abgleiten in die Absurdität nach zwei Seiten hin vorsieht. Ein einfaches Beispiel, das wir in unseren Gesprächen bereits kurz angetippt haben: Im positiven Spannungsfeld von Sparsamkeit und Großzügigkeit kann jemand entweder in den Geiz abgleiten oder, zur anderen Seite hin, in die Verschwendung. Dies im Hinterkopf kann ich dem Verschwender bescheinigen, dass ihm das Großzügige offenbar am Herzen liegt (wenn auch des Guten zu viel!) – und dass man ihm wirklich und wahrhaftig nicht vorwerfen kann, ein Geizhals zu sein. – Und umgekehrt kann ich dem Geizigen einen positiven Kern bescheinigen, nämlich die Sparsamkeit, die in seiner Haltung erkennbar wird. Und ich kann das Nichtvorhandensein einer gegenteiligen Negativ-Eigenschaft (Verschwendung) würdigen.

PÖRKSEN: Wie genau hat man sich diese Negativ-Würdigung vorzustellen? Und können wir tatsächlich, um der Illustration willen und in dem Wissen, dass wir nicht wirklich für die pauschale Anerkennung jeder noch so abstrusen Auffassung eintreten, tatsächlich einmal ein maximal merkwürdiges Beispiel wählen? Angenommen, Sie sitzen mit einem Menschen am Tisch, der behauptet, die Mondlandung der NASA sei in Wahrheit ein gigantischer Schwindel. Und angenommen, Sie wollen diesen Menschen nun nicht als verwirrten, in seiner Filterblase hockenden Verschwörungstheoretiker abstempeln, sondern ihm trotz aller Differenz eine Minimalwürdigung zuteil werden lassen, um das Gespräch nicht sofort scheitern zu lassen – wie würden Sie vorgehen?

SCHULZ VON THUN: Ich könnte im Sinne einer wertschätzenden Beziehungsgestaltung und in dem Bemühen, doch noch eine menschliche Brücke zu bauen, beispielsweise folgendermaßen beginnen: »Ihren Verdacht halte ich für abwegig und unbegründet – auch wenn ich zugeben muss, dass ich, genau wie Sie, nicht dabei gewesen bin! Aber in einem gebe ich Ihnen recht: Vieles, was auf der Welt geschieht, ist für uns Normalbürger schwer durchschaubar. Hat es sich wirklich so abgespielt, wie es in der Zeitung steht? Vieles passiert hinter den Kulissen, und allzu vertrauensselig sollte man nicht sein. Gut, wenn sich der mündige Bürger eine Portion wachsamer Skepsis bewahrt – und das sehe ich bei Ihnen im besonderen Maße gegeben ...«

PÖRKSEN: Sie würden also, geschult an der Logik des Wertequadrates, im Totalzweifel des Verschwörungstheoretikers die Überdosierung einer im Kern positiven Eigenschaft entdecken. Das Denk- und Kommunikationsprinzip wäre: Hier ist jemand, der zumindest *nicht* leichtgläubig ist, der *nicht* alles ...

SCHULZ VON THUN: ... was ihm von offizieller Seite dargestellt wird, für bare Münze nimmt, genau. Und dann käme in dieser Doppelbewegung aus Würdigung und Konfrontation, um die es mir geht, notwendigerweise das eigene Bekenntnis: »Aber Ihre Überzeugung, die Apollo-Mondlandung 1969 habe in Wahrheit gar nicht stattgefunden, sondern sei eine vorgetäuschte Luftnummer gewesen – wenn Sie das wirklich glauben, dann sind Sie nach meiner Überzeugung einer Verschwörungstheorie auf den Leim gegangen! Wer sollte Interesse daran haben, ein solches Pseudo-Spektakel zu inszenieren und zu finanzieren, noch dazu mit lebenslangem Schweigegeld für Tausende von Menschen, die daran hätten mitwirken müssen? – Wissen Sie was? Gottlob sind wir beide ja skeptisch genug, um uns nicht von jedem Verschwörungstheoretiker einen Bären aufbinden zu lassen, oder?«

PÖRKSEN: Diese Illustration aus Akzeptanz und Konfrontation fasziniert mich, weil hier – eben auch für den Fall, dass man die Positionen des anderen für ganz unmöglich hält – ein Ansatzpunkt der Würdigung (und nicht nur der Ächtung) sichtbar wird. Allerdings ist es keineswegs sicher, dass ein solcher Streit sich als produktiv erweist, weil geübte Konspirationstheoretiker auch die Nichtbeweisbarkeit einer Verschwörung zum Indiz für die Raffinesse der Verschwörer umzudeuten wissen, die eben mit Geschick und Perfidie alle Spuren verwischen. Die ganze Argumentation ist, um eine Formulierung des Philosophen Karl Popper aufzugreifen, *selbstimmunisierend*, gegen ihre Widerlegung geschützt.

SCHULZ VON THUN: Freilich, und wahrscheinlich ist dann der Zeitpunkt gekommen, an dem man getrost kapitulieren sollte. Oder vielleicht die Kontroverse mit einem Feedback beenden: »Sie bringen das Kunststück fertig, zugleich ein Skeptiker und ein Gläubiger zu sein! – Aber der Gläubige in Ihnen scheint mir die Oberhand zu gewinnen ...«

Deregulierung des Wahrheitsmarktes

PÖRKSEN: Wenn wir jetzt den Blick weiten und die aktuellen Medienbedingungen betrachten, dann wird deutlich, dass sich die Ausgangslage für einen Disput und den Streit in der Sache noch einmal massiv verkompliziert hat. Einerseits wird der seriös sortierende Journalismus in Zeiten der Vertrauens- und

Refinanzierungskrisen schwächer, andererseits rüstet die Propaganda-Industrie massiv auf. Dies geschieht mit Hilfe von Social Bots, dies geschieht mit Hilfe von eigenen Trollarmeen, die von ihren Auftraggebern in die sozialen Netzwerke entsandt werden, um dort missliebige Auffassungen niederzubrüllen. Und da jeder zum Sender geworden ist, kann sich nun auch jeder als Medienmanipulator versuchen und Verschwörungstheorien, Falschbehauptungen und plumpe Lügen barrierefrei in die Erregungskreisläufe der digitalen Medien einspeisen. Kurzum: Wir erleben die negativen Folgen einer Entwicklung, die der Netztheoretiker Michael Seemann als *Deregulierung des Wahrheitsmarktes* beschrieben hat.

SCHULZ VON THUN: Man konnte ja eine Zeit lang die Hoffnung hegen, dass die Transparenz der Meinungsvielfalt und das Schwächerwerden der publizistischen Monopole eine echte Chance darstellt. Dem Einzelnen wäre es dann möglich, so die Annahme, sich einer Vielfalt von Informationen und einem breiten Spektrum von Meinungen auszusetzen, auf deren Grundlage er dann – sachkundig und reflektiert – seine Auffassung reifen lässt. Das war das Ideal, die Quelle der Hoffnung. Und gewiss ist die leichte Zugänglichkeit von Daten und Dokumenten aller Art ein Fortschritt – insbesondere im Vergleich zu der Gleichschaltung in einer Diktatur, wo nur linientreue Berichterstattung und linientreues Denken vorgegeben und erlaubt sind. Wollen wir es also erst einmal würdigen, oder? Aber mit der gigantischen, megagigantischen Öffnung des kommunikativen Raumes ergeben sich neue und durchaus unheilvolle Manipulationsmöglichkeiten, richtig?

PÖRKSEN: Absolut. In der Phase der Netzutopien waren wir uns sicher, dass mehr Information unvermeidlich zu mehr Mündigkeit führt. Heute müssen wir anerkennen: Mehr Information macht uns nicht automatisch mündiger, sondern erhöht die Chancen effektiver Desinformation. Und je gefährlicher und bedrohlicher die Situation erscheint, desto anfälliger wird der Mensch für jede Menge Scheingewissheiten und Fälschungen, die die eigenen Vorurteile bestätigen; er sucht dann panisch nach Orientierung und der Ruhebank fester Wahrheiten. Das zeigt sich bei jedem Attentat, jedem Anschlag, jedem Extremereignis. Meine Fragen an den Kommunikationspsychologen lauten nun: Was tun, wenn die Informationsverbreitung in Konflikt mit einer irgendwie sinnvollen Informationsverarbeitung gerät? Wie sollte man sich in Momenten der tatsächlichen oder bloß gefühlten Gefahr verhalten? Wem aus welchen Gründen vertrauen? Wie entscheiden, was man überhaupt wahrnimmt und aufnimmt?

SCHULZ VON THUN: Es wird nicht leicht sein, einen kühlen Kopf zu bewahren. Der Mensch ist ein Gefühlswesen, und dies umso mehr, je bedrohlicher ein Geschehen erscheint und je unsicherer die Faktenlage ist. Und wir erleben im Fernsehen – und mehr noch im Netz-Zeitalter eine Globalisierung der Katastrophen, die einen direkt und mit enormer Wucht erreichen, unabhängig von jeder persönlichen Betroffenheit. Wie damit umgehen? Es wird kein allgemeines Rezept geben, und es hängt von meiner Rolle ab, die ich in Bezug auf das Geschehen einnehme. Bin ich journalistischer Berichterstatter vor Ort? Oder bin ich ein Teil der Einsatzleitung, die den Kontakt zur Öffentlichkeit halten will, halten muss? Oder bin ich der Empfänger der öffentlichen Berichterstattung? Vielleicht können wir das mal an verschiedenen Beispielen durchspielen?

PÖRKSEN: Also ein erstes Beispiel. Es stammt vom 22. Juli 2016. An diesem Tag ereignet sich der Amoklauf von München, bei dem ein Schüler in einem Einkaufszentrum im Stadtteil Moosach neun Menschen und dann sich selbst erschießt. Jemand streamt mit seinem Smartphone Live-Bilder vom Ort der Schießerei, die dann sofort auch im Fernsehen gesendet werden. Es kursieren Blutbilder, die angeblich aus München, jedoch in Wahrheit von einem Überfall in Südafrika stammen. Und auf Twitter schreibt jemand, auch im Zentrum von München seien Schüsse gefallen. Andere meinen, ein Täter habe »Allahu Akbar« gerufen, »Gott ist groß« …

SCHULZ VON THUN: … und es lief das Gerücht um, es habe einen Anschlag von Islamisten gegeben …

PÖRKSEN: … und eben dies stimmte nicht, denn es handelte sich um die entsetzliche Tat eines Einzelnen. Analytisch aufschlussreich war und ist jedoch: Der Polizeisprecher Marcus da Gloria Martins bewahrt im allgemeinen Informationswirrwarr und bei der entstehenden Panik einen kühlen Kopf. – Damit haben wir jetzt eine konkrete Person und Situation vor Augen. Mögen Sie dieses Beispiel einer gelingenden Krisenkommunikation aus Ihrer Perspektive kommentieren?

SCHULZ VON THUN: Gern. Ich erinnere mich noch gut an den Auftritt dieses Mannes. Ihm ist das Kunststück gelungen, zu informieren und Warnungen auszusprechen, aber ohne jede Panikmache. Er hat – bis hin zu seiner Stimmführung, seiner Gestik und Mimik – Besonnenheit vermittelt und aus dem Geschehen das, was als gesichert gelten konnte, herausgefiltert, Spekulationen und Vermutungen klar als solche markiert und vor den Kameras der aufgeregt und hektisch nachfragenden

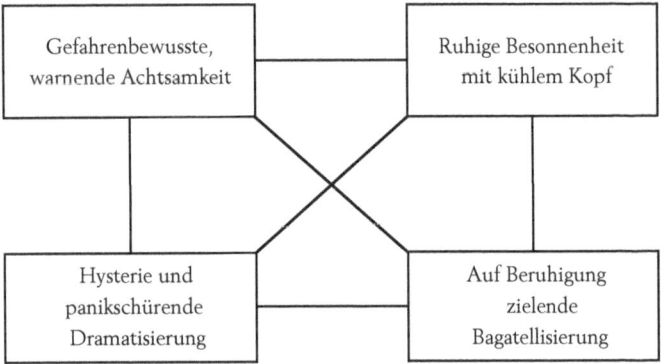

7 Ein Wertequadrat zur Analyse der Krisen- und Katastrophenkommunikation im Falle einer drohenden Panik.

Journalisten äußerst besonnen agiert. Vielleicht lohnt es sich, hier erneut ein Wertequadrat zu konstruieren? In dieser Extremsituation steht der Polizeisprecher in einer zweifachen Gefahr: sich in eine hysterie- und panikschürende Dramatisierung hineinzusteigern – oder ganz im extremen Gegenteil – durch Bagatellisierung des Geschehens eine allgemeine Beruhigung zu suggerieren und eine mögliche Gefahrensituation zu verharmlosen. Positiv ausgedrückt, welche beiden Qualitäten müssen hier verwirklicht und ausbalanciert werden? Zum einen eine warnende Achtsamkeit, welche die Gefährlichkeit der Situation anerkennt und deutlich macht. Zum anderen die Ausstrahlung von Ruhe und Besonnenheit, die Bewahrung eines kühlen Kopfes, der Tatsachen sichtet, Vermutungen als solche kennzeichnet und angemessene Reaktionen abwägt. Wer nur die eine Qualität ohne die andere verwirklicht, rutscht ab in die beiden Gefährdungszonen des Wertequadrates (siehe Schaubild).

Sinnenkreis und Handlungskreis

PÖRKSEN: Mir fällt bei der Analyse dieses Falles grundsätzlich auf, dass die hochnervöse Mediengesellschaft der Gegenwart kein kommunikatives Register besitzt, um in ausreichend reflektierter Weise mit jener Form der diffus-bedrohlichen Ungewissheit umzugehen, die unvermeidlich immer dann auftritt, wenn etwas unerwartet Schreckliches passiert – und man im Strudel der Ad-hoc-Berichte sofort Bescheid wissen möchte, sei es aus Angst oder Anteilnahme, sei es aus Neugierde oder Sensationslust. Wer sich die Zeit zur Klärung der tatsächlichen Sachverhalte nicht nimmt, der macht Fehler, produziert Grenzüberschreitungen. Ganz in diesem Sinne hat der Netzphilosoph Peter Glaser einmal gesagt: »Information ist schnell, Wahrheit braucht Zeit.« Und ich will hinzufügen: Wer in einer solchen Situation unbedingt schnell sein will, der muss spekulieren.

SCHULZ VON THUN: Das leuchtet mir sofort ein. Ein weiteres Dilemma, diesmal zwischen Aktualität und Sorgfalt. Der Schnellschuss kann ziemlich danebengehen, und wer erst eine Doktorarbeit über das Geschehen schreiben will, wird rettungslos inaktuell. Haben wir auch hierfür ein Beispiel?

PÖRKSEN: Ja. Denken wir an den Fall des German-Wings-Piloten, der am 24. März 2015 seine Maschine bewusst gegen eine Bergwand in den französischen Alpen steuerte. 150 Menschen starben. Was dann folgte, war eine Art Extremismus der Erregung. Journalisten fotografierten trauernde Mitschüler, deren Klassenkameraden gerade umgekommen waren, interviewten den Pizzabäcker, der den Piloten kannte, baten Experten ins Studio, die wild vor sich hin spekulierten, und schrieben freihändig Artikel über die angeblichen Unglücksursachen. Man sieht hier: Das noch unaufgeklärte, diffus bedrohliche Extremereignis im Verbund mit dem Sofort-Sendezwang und dem Neuigkeitsbedürfnis des Publikums erzeugt ein Informationsvakuum, das dann, wenn sich Journalisten treiben lassen, auf maximal spekulative Weise mit Falschnachrichten oder voyeurhaften Bildern oder auch Banalitäten gefüllt wird. – Wie lassen sich diese Zusammenhänge nun aus Ihrer Sicht beschreiben?

SCHULZ VON THUN: Es ist ein journalistisches Dilemma, das hier offenbar wird. Als Journalist und Redakteur stehe ich vor der wichtigen Aufgabe, aktuell präsent zu sein und über bedrohliche Ereignisse zu berichten, von keiner Zensur geknebelt (einzige Ausnahme: wenn die Berichterstattung geeignet ist, Rettungsmaßnahmen oder polizeiliches Ermitteln und Einschreiten zu gefährden). Die Übertreibung dieser unbedingten, professionell gebotenen Aktualitätsorientierung liegt in der permanenten, seltsam getrieben wirkenden Nachrichtenproduktion ohne Aufklärungswert, die Sie gerade beschrieben haben: konstant auf Sendung, mangelnde Information mit jedweden Interviews zu kompensieren, dabei aufdringlich, indiskret und übergriffig Leidtragende oder ihre Schwiegermütter, Nachbarn oder Pizzabäcker vor die Kamera zu nötigen, nur damit das Sensationsspektakel am Laufen gehalten wird.

PÖRKSEN: Das heißt, es braucht eine sensible, strikt relevanzbezogene Selektivität, der es nicht mehr einfach nur darum geht, mit maximaler Geschwindigkeit auf Sendung zu gehen. Notwendig wäre …

SCHULZ VON THUN: ... eine seriöse Auswahl des Berichtenswerten, Verzicht auf alles, was nur der Sensationsergötzung dienen würde, ein diskreter und sensibler Umgang mit Opfern und Angehörigen, vielleicht hin und wieder ein demütiges Schweigen im Angesicht des Schrecklichen, statt ständig jeden verbalen Müll darüber auszuschütten.

PÖRKSEN: Wenn ich diese Bewegung unseres Gesprächs nachvollziehe, dann ringen wir stets – mal aus der Perspektive eines Polizeisprechers, dann aus der Perspektive von Journalistinnen und Journalisten – um die Frage, wie man auf möglichst sinnvolle Weise mit beunruhigenden und verstörenden Informationen umgehen soll, die einen heute in neuer Direktheit und Unmittelbarkeit erreichen. Jetzt fehlt noch die Perspektive des Empfängers: Wie lässt sich einordnen, was auf einen einstürmt? Und was ist wirklich wichtig? Sollte einen das abgebrannte Anwesen eines Prominenten im kalifornischen Malibu beschäftigen, das Schicksal von einigen Jugendlichen, die nach einem missglückten Tauchgang in einer Höhle in Thailand gefangen sind, die Demontage der Demokratie in der Türkei? Ich schlage vor, dass wir uns jetzt den Herausforderungen zuwenden, vor denen der Einzelne im Informationsgestöber der Gegenwart steht. Lässt sich hier – im Sinne einer Anleitung zur Selbstklärung, auf dem Weg zu einer individuellen Strategie des Nachrichtenkonsums und einer engagierten Zeitgenossenschaft – auch ein Wertequadrat skizzieren?

SCHULZ VON THUN: Gewiss! Wo ein Dilemma ist, ist auch (mindestens) ein Wertequadrat! Es könnte genauso gut Dilemmaquadrat heißen! Auch bei diesem Thema (Wie viel und welche Informationen lasse ich an mich heran?) wird es darum gehen, dass ich die Balance halte zwischen zwei gegensätzlichen

Polen, die beide wichtig und wertvoll sind, die einander aber als Ergänzungspartner bedürfen, weil jeder von beiden allein sonst in die Gefahr gerät, durch ungute Übertreibung auf die schiefe Bahn zu geraten. Zum einen, ich bin ein Teilnehmer des Weltgeschehens und sollte daran bewussten Anteil nehmen – jedenfalls hätte ich diesen Anspruch an mich selbst. Diese Aufgeschlossenheit muss aber begrenzt werden.

PÖRKSEN: Die Folge wäre sonst die permanente Verstörung, ein Leben in Angst und Schrecken.

SCHULZ VON THUN: Genau, sonst gerate ich von einer Verstörung in die nächste – und mir gerät mehr unter die Haut, als ich verkraften kann. Deshalb lautet der gegenläufige Imperativ: Begrenze und dosiere deine Anteilnahme auf das, was dich etwas angeht und was du verkraften kannst! In der Befolgung dieses Imperativs allerdings lauert die gegenläufige Gefahr, in eine phlegmatische Ignoranz abzugleiten und sich alles vom Leibe zu halten, was die eigene Idylle gefährdet und die persönliche Seelenruhe beeinträchtigt. Obwohl ein lebender Zeitgenosse, bliebe ich doch teilnahmslos und unengagiert.

PÖRKSEN: Auch das Ferne rückt unter den Bedingungen der weltweiten Vernetzung ganz nah heran, aber lässt sich doch nicht wirklich im Kosmos der eigenen Lebenswelt beeinflussen. Wir erleben, je weiter die mediale Durchdringung der Welt voranschreitet, wie sich die Verbindung von Information und Aktion, von Wissen und selbsttätiger Handlung auflöst, sehen immer mehr, aber wissen immer weniger, was man tun kann. Heute hat sich der »Sinnenkreis« vollständig »vom Handlungskreis losgelöst«, so die Diagnose des Philosophen Rüdiger Safranski. Wie lässt sich damit umgehen, wie reagieren? Und

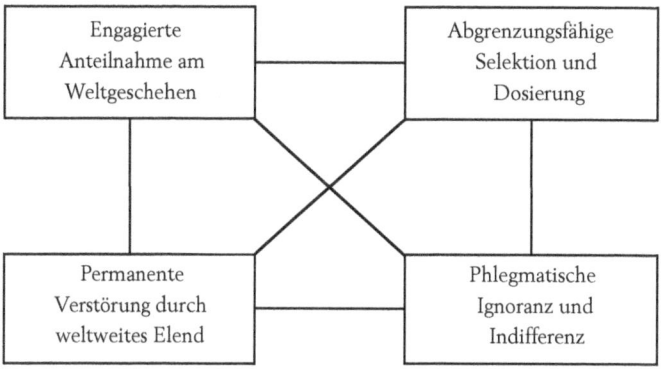

8 Zwischen engagierter Anteilnahme und reflektierter Auswahl – ein Werte- beziehungsweise Dilemmaquadrat zu den Herausforderungen des individuellen Informationskonsums.

wie verteilt man in Zeiten der Dauer-Aufregung die eigene Aufmerksamkeit und das eigene Mitgefühl? Welche Kriterien können einen leiten, um die positive Qualität einer abgrenzungsfähigen Selektion zu verwirklichen?

SCHULZ VON THUN: Mir scheint, dass in Ihrer Problembeschreibung selbst schon einige Kriterien angelegt sind, die uns weiterhelfen können, das eigene Unterscheidungsvermögen zu verfeinern, dies in dem Wissen, dass wir evolutionär bisher nicht zur globalisierten Anteilnahme geschaffen sind. Aber diesbezüglich gibt es auch große Unterschiede von Mensch zu Mensch. Die erste Frage kann und wird sein: Bin ich, sind meine Angehörigen, Freunde und Kollegen persönlich betroffen? Die zweite Frage bezieht sich auf das Kriterium der Wirkmächtigkeit und Handlungsfähigkeit, sie lautet: Kann ich etwas tun und auf engagierte Weise mitwirken, das Geschehen zu verarbeiten, zu lindern, ins Positive zu wenden? Die dritte Frage zielt auf das Kriterium grundsätzlicher Relevanz: Ist das, was da berichtet wird, für die Allgemeinheit oder gar das Schicksal der Menschheit und des Planeten von Bedeutung? Es wird, wenn man so fragt, schnell deutlich, dass Berichte über ein abgebranntes Promi-Anwesen in Malibu, das Klonen eines Menschen in China und der Ausstieg der USA aus dem Pariser Klimaabkommen nicht gleichermaßen bedeutsam sind. Und wenn in Bad Tupfingen ein Notar die Hundesteuer hinterzogen hat, muss ich es bei Gott nicht wissen, außer vielleicht, wenn ich dort wohne.

Axiome für Demokraten

PÖRKSEN: Ich will zusammenfassen. Wir haben verschiedene Propagandatechniken analysiert, die aktuellen Medienbedingungen skizziert und sind jetzt fast am Ende unseres Gesprächs über die neue Macht der Desinformation im digitalen Zeitalter. Mir fällt auf, dass es eine fundamentale Prämisse gibt, die unsere Analyseversuche und unsere Empfehlungen untergründig bestimmt. Sie besagt: Aufklärung wirkt und stärkt die Urteilskraft auf ausreichende Weise. Ich will diesen mehr oder minder unerschütterlichen Aufklärungsoptimismus, den ich für bewahrenswert halte, doch zum Schluss kritisch beziehungsweise selbstkritisch mit Ihnen diskutieren. Denn wenn man die aktuelle Debattenlandschaft analysiert, dann sieht man: Heute regiert das Vokabular der Resignation, heute sind die Narrative des Niedergangs bestimmend. Man fürchtet das Ende von Respekt und Rationalität in einer Welt der Hassattacken und der bizarren Verschwörungstheorien und ruft das *postfaktische Zeitalter* aus, die *Post-Truth-Ära*. Die Stimmungsbücher der Stunde tragen Titel wie *Der Zerfall der Demokratie*, *Wie Demokratien sterben* oder schlicht *Game Over*. Sie setzen hier anders an und vertreten als humanistischer Psychologe ein prinzipiell optimistisches Menschenbild, das auf die Entwicklungsmöglichkeiten des Einzelnen setzt. Meine Abschlussfragen sind ganz einfach: Woher kommt Ihre Zuversicht? Und wie ist sie begründbar?

SCHULZ VON THUN: Was eine gedeihliche Zukunft unseres menschendominierten Planeten angeht, bin ich nicht ganz so optimistisch und zuversichtlich, wie ich Ihnen erscheine. Apokalyptische Reiter hat es immer schon gegeben, aber die heutigen haben etliche wissenschaftsfundierte Erkenntnisse unter ihrem Sattel. Aber um, aus Dank für unsere Existenz auf Erden, unserer Verpflichtung nachzukommen, eine solche Existenz für notleidende gegenwärtige Menschen (und Tiere!) und für nachfolgende Generationen ebenso zu ermöglichen – was bleibt uns dann, als auf den Menschen zu setzen, der mit Kopf, Herz, Hand und Fuß zum Gelingen des Ganzen und seiner selbst beitragen kann, beitragen wird? Was bleibt uns sonst? Und wenn wir uns umschauen, finden wir überall Beispiele für Güte und Nächstenliebe, Beispiele für ein nachdenkliches Ringen um das bessere Argument, Beispiele für ein verantwortliches Miteinander.

PÖRKSEN: Sehen Sie das so? Tatsächlich?

SCHULZ VON THUN: Ja. Angenommen, wir würden mit Hilfe eines Zufallsgenerators auf Google-Maps eine Ortschaft auswürfeln und beispielsweise, keine Ahnung, in einem Gebiet südlich von Herne landen und uns dort in eine beliebige Mietwohnung, in eine Kita oder Kaserne oder auf ein Fußballfeld hineinzoomen, dann würde ich wetten: Wir würden dort mit sehr hoher Wahrscheinlichkeit auf Menschen treffen, die gut miteinander auskommen, sich um Fairness, Freundlichkeit, Hilfsbereitschaft und Anstand bemühen und sich im Rahmen ihrer Reichweite um ein gutes und verantwortliches Leben sorgen. Und weiter würde ich wetten, dass Sie darüber weder in den klassischen Medien noch im Netz irgendeine Erwähnung finden werden – es wäre ja auch wirklich kein bisschen aufsehenerregend. – Und wäre das nicht ein hinreichender Grund, ein wenig Vertrauen in die Menschheit zu bewahren und nicht jeden Optimismus in vorauseilender Resignation zu Grabe zu tragen? Plötzlich, wer hätte das gedacht, gehen Tausende von Jugendlichen jeden Freitag, den Gott werden lässt, friedlich auf die Straße und mahnen eindringlich, dass wir nicht so weitermachen dürfen. Da kommt doch Hoffnung auf – oder rede ich mir die Welt im Zeitalter des Anthropozäns zu schön?

PÖRKSEN: Ich weiß nicht. Die jugendliche Protest- und Ökologiebewegung ist doch auch ein Symptom für etwas, was der Netzpublizist Sascha Lobo den *Realitätsschock* nennt: Man hat das Gefühl, dass die Welt aus den Fugen gerät. Und ich könnte mich ja, Ihrem Gedankenexperiment folgend, nicht nur südlich von Herne, sondern im Geiste auch in der Nähe eines stalinistischen Gulag oder eines nationalsozialistischen Konzentrationslagers niederlassen und würde mich von der Bestialität dieser Erfahrung und der anthropologischen Schockerfahrung wahrscheinlich nie mehr erholen. Das heißt: Für mich ist das Plädoyer für ein optimistisches Menschenbild und der Glaube an die Aufklärung eher keine empirische, sondern eine unentscheidbare Frage, wie Heinz von Foerster sagen würde.

SCHULZ VON THUN: Mögen Sie diese Unterscheidung erläutern?

PÖRKSEN: Entscheidbare Fragen sind, so Heinz von Foerster, durch die Spielregeln eines Realitätsbereichs festgelegt. Und wir kommen, wenn wir nach diesen Regeln spielen, zu eindeutigen Antworten, die richtig sein können – oder eben falsch. Ist die Zahl 2284 durch 2 teilbar? Darf man hier in einem Laden um die Ecke einen Lippenstift, einfach ohne zu bezahlen, mitnehmen? Ist der Satz »Ich habe fertig!« grammatikalisch korrekt? All diese Fragen lassen sich rasch und mit großer Eindeutigkeit klären, man muss sich nur die Gesetze der Mathematik, der Gesellschaft oder der Grammatik vergegenwärtigen. Die Frage jedoch, ob Aufklärung in Zeiten der aggressiven Desinformation noch funktioniert und ob man dem Menschen und seiner Urteilskraft im Prinzip vertrauen kann, ist unentscheidbar. Hier gibt es kein festes, kein zeit- und situationsunabhängig ausbuchstabiertes System der Regeln, nach denen wir entscheiden können, um dann bei einem einzigen, eindeutigen und stets richtigen Ergebnis anzugelangen. Heinz von Foersters Pointe: Eine unentscheidbare Frage ...

SCHULZ VON THUN: ... ruft uns zur Entscheidung auf ...

PÖRKSEN: ... genau. Bei Foerster heißt es: »Nur Fragen, die im Prinzip unentscheidbar sind, können wir entscheiden.« Alle anderen Fragen sind gleichsam durch Regeln und Gesetze bereits geprägt und gebahnt.

SCHULZ VON THUN: Allerdings will ich auf einem dann doch beharren: Die Entscheidung für ein nicht nur negatives, verhalten optimistisches Menschenbild findet nicht ganz ohne empirische Unterstützung statt, lässt sich nicht von den eigenen Erfahrungen ablösen. Ich kann sagen, dass ich in jenen Phasen meines Lebens, in denen ich ermutigungsbedürftig, schwer krank oder in Not war, enorme Unterstützung und Hilfe bekommen habe. Diese erlebte Fürsorge bildet die Grundlage für eine innere Zuversicht, dass es auf Erden menschlich zugehen *kann*! Klar, Menschlichkeit ist nur zu einem Teil eine Gegebenheit, zu einem größeren Teil eher eine verheißungsvolle Möglichkeit, die tagtäglich auch gegen erhebliche innere und äußere Widerstände zu verwirklichen ist. Und wir wissen, dass dieses Projekt auch scheitern kann. Aber wir leben vielleicht nur einmal auf Erden – und welchen Sinn kann es geben, als dass wir unsere Koexistenz auf eine gerechte, solidarische und liebende Weise organisieren? Das muss doch der Sinn sein, für die Menschheit ebenso wie für das Individuum!?

PÖRKSEN: Warum sind Sie so sicher?

SCHULZ VON THUN: Sicher bin ich mir nicht, aber ich vertraue doch darauf, dass diese Idee nicht allein ein einsamer Gedanke im Kopf von Schulz von Thun ist, sondern dass sie eine gesunde Wahrscheinlichkeit hat, in den Köpfen (und Herzen) vieler Menschen wirksam zu sein. – Aber wieso fragen Sie mich danach? Man könnte doch argumentieren: Derart grundsätzliche Fragen nach dem Wesen des Menschen und dem Gelingen der Aufklärung führen uns eher vom eigentlichen Thema, der Analyse öffentlicher Kommunikation, weg.

PÖRKSEN: Das denke ich nicht, nein. Für mich ist ein Menschenbild und das Votum für den Mündigkeitsgedanken so etwas wie ein Ur- und Metaprogramm der Kommunikation, das dann im Konkreten bestimmt, ob und wie intensiv ich mich, sprechend, argumentierend und streitend, um den anderen bemühe. Sehen Sie, es gibt aus meiner Sicht eine harte Differenz zwischen Liberalismus und Anti-Liberalismus. Und das ist die

Anthropologie, das Menschenbild. Der Liberale glaubt an die Möglichkeit der Aufklärung, der Anti-Liberale hält die Masse für unmündig und verführbar – und setzt ebendeshalb auf den Zwang und die Strafe, raffinierte Anreize und perfektes Nudging, er will ebendeshalb den Paternalismus, nicht die Partizipation. Und das heißt: Er spricht anders, kommuniziert anders – gewiss nicht auf Augenhöhe, gewiss nicht im Sinne einer dialogischen Orientierung.

SCHULZ VON THUN: Ich muss zugeben, dass ich mir solche grundsätzlichen Fragen nach dem Zusammenhang von Kommunikation und Menschenbild nicht stelle, sie kommen erst in unserem Gespräch auf. Aber es stimmt: Demokratie und Liberalismus basieren auf der Prämisse, dass das Miteinander-Reden Sinn macht und gelingen kann, dass die Aushandlung von Kompromiss und Konsens erstrebenswert und machbar ist und dass es sich lohnt, ins Gespräch mit der begründeten Hoffnung einzutreten, dass der gute Dialog ein Geburtsort der Vernunft ist. So gesehen ist das demokratische Miteinander notwendig aufklärungsoptimistisch. Das ist die Prämisse, mit der das große Gespräch der Gesellschaft beginnt.

Navigationskunst im Dilemma

Ehrlichkeit und Diplomatie, Achtung und
Ächtung, Authentizität und Kalkül – ein Nachwort
von Friedemann Schulz von Thun

»Du, da vorne ist grün!«, sagte der Mann zu seiner Frau, die am Steuer saß. Und sie antwortete: »Fährst du, oder fahre ich?«

Dieses Beispiel hatte ich in den 70er-Jahren des vergangenen Jahrhunderts dem Leben abgelauscht, um zu zeigen, dass wir in jeder kommunikativen Situation vier Ohren haben und jeweils entscheiden (müssen), welches wir vorrangig auf Empfang schalten wollen. Der Kontakt von Mensch zu Mensch, das war die Keimzelle der Hamburger Kommunikationspsychologie – und da steckte schon vieles drin, was für die Frage, wie wir im privaten und beruflichen Miteinander klarkommen können, von Bedeutung werden sollte.

Auch für den Dialog in Gesellschaft und Politik? Auch für das digitale Paralleluniversum, in dem wir, mehr oder weniger, heimisch werden und in dem die gute alte Gruppendynamik sich zu einer explosiven Netzdynamik weiterentwickelt hat? Hier kennt sich mein Kollege Bernhard Pörksen aus, der Medienwissenschaftler, der darüber gerade sein letztes, viel beachtetes Buch mit dem Titel *Die große Gereiztheit* geschrieben hat. Das hier nun vorliegende gemeinsame Buch wäre nie entstanden, wenn er nicht nachhaltig den »Anfangsverdacht« geäußert hätte, dass der Hamburger Kommunikationspsychologie, mit ihrem Schwerpunkt auf der Begegnung von Mensch zu

Mensch, eine Bedeutung für die große gesellschaftliche Frage innewohnt: Wie können wir in den nervösen Zeiten der Bedrohung und der Polarisierung so miteinander umgehen, dass Verständigung gelingt, auch und gerade wenn Welten aufeinanderprallen?

Unsere Hoffnung war, dass die dialogische Zusammenführung der medienwissenschaftlichen und der kommunikationspsychologischen Perspektive Erkenntnisse hervorbringt, die in den beiden Heimatfächern allein nicht zu gewinnen wären. Hat sich diese Hoffnung nach unseren zahlreichen Gesprächen darüber erfüllt? Das wird jede Leserin, jeder Leser anders beurteilen. Mir selbst sind fundamentale Gemeinsamkeiten und ebenso fundamentale Unterschiede zwischen der öffentlichen und der zwischenmenschlichen Kommunikation (wenn wir »unter uns« sind) deutlicher geworden. Zunächst treten Gemeinsamkeiten hervor. Auch im politischen und öffentlichen Raum ist jede Äußerung kein reiner Ton, sondern ein Akkord: ein Oberton mit drei Untertönen, die sich aus der kommunikationspsychologischen Quadratur ergeben: Sachinhalt, Selbstkundgabe, Beziehungshinweis und Appell. Die Oberbürgermeisterin von Köln musste das erleben und erleiden, als sie, nach den beklemmenden und bestürzenden Übergriffen in der Silvesternacht am Kölner Hauptbahnhof gefragt wurde, wie Frauen sich schützen können, und sie den Rat gab, »eine Armlänge Abstand zu halten«. Diese harmlose und, wie man meinen könnte, keineswegs skandalträchtige Empfehlung löste eine enorme Empörungswelle aus. Warum? Weil die Empfängerinnen dieses Appells mit ihrem Beziehungsohr einen Unterton herausgehört hatten: »Ihr seid selbst schuld, wenn ihr solche Leute so nahe an euch herankommen lasst!« Die Reaktion: »Ach, na toll, die Politik sieht sich nicht zuständig! Die Opfer der Gewalt sind selbst schuld – sollen sie doch besser auf sich aufpassen!« – Aber das hatte sie doch gar nicht *gesagt* – und so hatte sie es doch nicht *gemeint* – etwas resigniert äußerte sie sich später: »Die Menschen sind einfach nicht in der Lage, etwas so aufzunehmen, wie man es sagt.« – Aber eben, ob wir wollen oder nicht, jede gesprochene Äußerung ist umgeben von unausgesprochenen Botschaften, die »herausgehört« und/oder »hineingehört« werden. Sobald ich den Mund aufmache, gehe ich das Risiko ein, dass ich nicht so ankomme, wie ich es gemeint habe – und dass meine Äußerung eine ganz andere Wirkung hat als beabsichtigt.

So weit eine fundamentale Gemeinsamkeit zwischen interner und öffentlicher Kommunikation. Und doch wird auch ein gravierender Unterschied sichtbar: In meinem Modell und in dem Beispiel mit der Frau am Steuer gibt es *eine* Empfängerin mit vier Ohren. Bei öffentlichen Äußerungen sind es Tausende und Millionen, Tausende und Millionen potenzielle hochempfindliche Beziehungsohren! Und wenn sich nur 10 Prozent davon hochgradig empören, dann sind es immer noch Hunderttausende, die sich im Netz finden, austauschen und »aufladen« können.

Kein Wunder, dass angesichts dieses allfälligen Risikos Personen und Institutionen bei ihren öffentlichen Verlautbarungen darauf bedacht sind, darauf bedacht sein *müssen*, durch professionelle Vorkehrungen die Wirkung ihrer Kommunikation zu optimieren und eine ungünstige oder missverständliche Aufnahme ihrer Äußerungen zu vermeiden – jedenfalls weniger wahrscheinlich zu machen. Zunächst wieder die Gemeinsamkeit: jede zwischenmenschliche Äußerung, privat, beruflich, öffentlich, steht unweigerlich in einem Spannungsfeld von Ausdruck und Wirkung. Indem ich etwas ausdrücke, bin ich der (objektiven) Wahrheit und der (subjektiven) Wahrhaftigkeit verpflichtet. Also Ehrlichkeit! Aber ich will nicht nur etwas ausdrücken, was mir wichtig ist, sondern ich verfolge damit auch ein Ziel, will mein Gegenüber erreichen und bei ihm etwas erreichen. Ich muss ahnen, was ich damit anrichte, wenn ich etwas zum Ausdruck bringe – und wie ich es tue. Ahnen und verantworten! Ich muss auf die Wirkung meiner Worte bedacht sein, wenn und wo immer ich mich äußere. Ehrlichkeit ohne Takt, Sensibilität, Diplomatie und Diskretion kann verantwortungslos sein, ohne berechnende Taktik geschäftsschädigend. Diese dialektische Spannung ist allgegenwärtig, und in unseren Fortbildungen zur kommunikativen Kompetenz geht es immer darum, das Authentische und das Wirkungsbedachte aufeinander abzustimmen. Wer sich öffentlich äußert, steht in ganz besonderem Maße in dieser Spannung. Eine öffentliche Person kann mit falschen Worten zum falschen Zeitpunkt am falschen Ort viel Schreckliches anrichten – oder der eigenen Partei/Firma/Institution enorm schaden. Nur folgerichtig, wenn Menschen mit öffentlicher Verantwortung und Wirkmächtigkeit ihre Worte und deren Untertöne sorgsam abwägen, also wirkungsbedacht eine Wirkungsoptimierung anstreben – und sich dafür mit professionellen Kommunikationsberatern umgeben. Jedes Wort kommt auf die Goldwaage, bevor es in die Welt hinausgelassen wird. Die kognitive Linguistik hält uns an, das assoziative Umfeld eines Begriffes zu bedenken und den »Frame« zielgenau zu setzen. Welche Worte wählt jemand – und welchen Ton schlägt er dabei an? Der Ton macht die Musik, genauer gesagt: der Akkord! Und der geht ins Herz.

Alles richtig, alles wichtig. Nur bringt eine solche Fokussierung auf die Wirkung zwei Gefahren mit sich: Die eine besteht darin, dass nur noch risikolose Phrasen und pauschale, »abgesicherte« Textbausteine verwendet werden, in denen die Senderin oder der Sender zwar nicht angreifbar, aber auch nicht mehr wirklich greifbar wird. Die andere Gefahr ist der aufkommende Manipulationsverdacht: Das raffinierte Kalkül hinter der Verlautbarung wird spürbar, und plötzlich vermissen wir als Empfänger etwas: den ungeschminkten Klartext (angesichts geschmeidiger Diplomatie und Abgewogenheit), das Authentische (angesichts aalglatter Fassade), das Menschliche (angesichts perfekter Professionalität). Das kann Politikverdrossenheit verstärken und dazu führen, dass politische Dilettanten ohne Blatt vor dem Mund und mit dem Herzen auf dem (hoffentlich) rechten Fleck die Herzen erobern und die nächste Wahl gewinnen – nicht immer zum Vorteil des Gemeinwohles.

Ach du Schreck! Das Dilemma liegt also im Wesen der Kommunikation begründet, aber im öffentlichen Raum spitzt es sich zu. Man kann auf der einen oder der anderen Seite abstürzen. Den Älteren unter uns ist in Erinnerung, wie Philipp Jenninger 1988 als Bundestagspräsident der alten Bundesrepublik in Bonn eine Rede zum Gedenken an die Pogrome in Deutschland gegen jüdische Mitbürger gehalten hat. Statt nur die staatstragenden Worte der Scham über das monströse Verbrechen, das sich nie wiederholen dürfe, des Gedenkens, das wir den Opfern schuldig seien, der Notwendigkeit der Erinnerung an die dunkelsten Momente unserer Geschichte ... – statt nur die erwartbare Rhetorik zu bedienen, hat er eine Rede mit eigener Nachdenklichkeit erarbeitet und gehalten, geleitet von der Frage: Wie um Himmels willen war es menschenmöglich, dass eine Mehrheit wegschaute und dazu schwieg? Und er versuchte sich einzufühlen und einzudenken in den deutschen Otto Normalbürger von 1938. Einer wie der (oder die) können wir heute und morgen alle sein und wieder werden, wenn es darum geht, zu den eigenen Werten zu stehen, statt sich, der Opportunität folgend, wegzuducken. Aber diese Empathie wurde Jenninger sogleich als Sympathie ausgelegt, noch während seiner Rede verließen Hörer empört den Saal. Der Skandal war eingetreten, wenige Tage später musste Jenninger als Bundestagspräsident zurücktreten. Nachdenklich, ernsthaft und authentisch war seine Rede, aber in diesem öffentlichen Gedenkrahmen und in Anwesenheit von Opfern des Holocausts und ihren Angehörigen erwies sie sich doch als haarscharf daneben, wurde sie der Gefühlslage der Situation nicht gerecht und als unstimmig empfunden. Und so balanciert die öffentliche Kommunikation häufig auf des Messers Schneide, und das Dilemma von Authentizität und Wirkungsbedachtsamkeit ist allgegenwärtig.

Wer von diesem Buch handfeste Lösungen erwartet, kommt kaum auf seine Kosten. Wer einen Gewinn darin sieht, ein geschärftes Dilemmabewusstsein für allerlei sehr verschiedene Herausforderungen zu erlangen, wird eher etwas davon gehabt haben und sich vielleicht angeregt fühlen, einen persönlichen Kompass für Stimmigkeit zu entwickeln. Immer wieder sind Bernhard Pörksen und ich während unserer Gespräche auf das Prinzip Stimmigkeit gestoßen: Stimmige Kommunikation ist authentisch und wirkungsbedacht zugleich, ist darauf aus, die eigene innere Wahrheit zu offenbaren und ebenso der Situation gerecht zu werden, die in ihren Besonderheiten und in ihren inhärenten Herausforderungen erkannt sein will. Selbstbewusstsein und Systembewusstsein: eine überaus anspruchsvolle Doppelqualifikation!

Und *eine* Herausforderung ist im Dialog immer enthalten: auch den Gegner gelten zu lassen, immer zu unterstellen, dass auch er oder sie einen Zipfel der Wahrheit zu fassen gekriegt haben könnte, den es sich lohnt zu erkunden, zu erkennen und anzuerkennen. Wer wollte dem widersprechen? Und doch tut sich hier schon das nächste Dilemma auf: Wenn ich nach reiflicher Prüfung zutiefst überzeugt bin, dass der Gegner irregeleitet, moralisch verwerflich oder gar gefährlich ist: Ist dann das dialogische Credo, dass die Wahrheit zu zweit beginnt, noch aufrechtzuerhalten? Ist es dann stimmig? Ist Wertschätzung des Gegenübers dann der Leitstern? Braucht es dann nicht die Kunst der treffsicheren Diskreditierung? Im Umgang mit der neuen Rechten, die in Deutschland eine parlamentarische Bedeutung gewonnen hat, tritt das Dilemma deutlich zu Tage: Wie kann ihnen gegenüber die *Balance von Achtung und Ächtung* gelingen? Wer nur die Ächtung kennt (verwirklicht durch trennscharfe Rhetorik oder durch geflissentliches Ignorieren), trägt zur Dämonisierung bei, verortet die Protagonisten und Sympathisanten der neuen Rechten im Keller der Verworfenheit, erklärt sie für unwürdig, im demokratischen Orchester mit einer hörenswerten Stimme mitzuspielen. Das befördert Polarisierung und Spaltung. Da fehlt die Achtung. Wer hingegen nur diese Achtung kennt, den Respekt vor dem Menschen ebenso wie vor der Diskussionswürdigkeit seines Standpunktes, läuft Gefahr, wie Biedermann mit den Brandstiftern, faschismusnahe Gedanken und Auftrittsformen hoffähig zu machen und ihnen im demokratischen Diskurs eine Dignität zu verleihen, die sie (ebenfalls) stärken wird. Da fehlt die Ächtung! Die Navigation zwischen Skylla und Charybdis scheint eine Schlüsselqualifikation für den Dialog in Gesellschaft und Politik zu sein – und noch mehr zu werden! Immer wieder sind Bernhard Pörksen und ich auf die Kategorie des Dilemmas gestoßen. Es ist eine Grundform unseres Daseins, und wir waren froh, mit dem Wertequadrat, das immer zugleich ein Dilemmaquadrat ist, ein geistiges Werkzeug in der Hand zu haben, das uns hilft, Dilemmata aufzuspüren und zu erkennen, welche gegensätzlichen Qualitäten jeweils nach einer Integration verlangen. Kein leichtes Kunststück, aber Odysseus ist schließlich auch durchgekommen!

Ganz grundsätzlich stellte sich uns auch die Frage, ob eine stimmige und dialogische Kommunikation, die unserem Ideal von reifer Humanität entspricht, auch erfolgversprechend ist. Eine der Demokratie verpflichtete Politik ist nicht nur die Kunst der vernünftigen Verständigung über gemeinsame Belange, Politik ist auch Wettbewerb um die Macht, Gewinnen von Mehrheiten. Was, wenn ein sich selbst glorifizierender und den Gegner herabwürdigender Auftritt, der vieles verspricht, nicht zuletzt ein hartes Durchgreifen gegen alle, die dagegen sind, wenn ein solcher Ton die Herzen einer Mehrheit im Sturm erobert? Wenn die fragwürdige Kunst der Massenmanipulation auch und gerade dann erfolgsverheißend ist, wenn sie auf Lug und Trug aufbaut? Ich bin überzeugt, dass wir hierzulande politisch und demokratisch so gereift sind, dass ein solcher Ton nicht mehr verfängt. Aber bleibt uns das auch unter weniger stabilen Verhältnissen erhalten? Müssen wir womöglich Laut geben und anfangen, kraftvoll und mit Kampfgeist dafür einzutreten? Tief greifende Krisen, die den ganzen Planeten betreffen, waren lange schon sichtbar und spitzen sich jetzt dringlich zu. Allmählich dämmert es uns allen: Wir können in mancher Hinsicht nicht mehr so weitermachen. Vieles, was unser Leben komfortabel gemacht hat, strapaziert unseren Planeten. Wir leben über unsere Verhältnisse. Oha, da stehen Gewohnheitsrechte und Besitzstände auf dem Spiel, da stehen Veränderungen unserer Lebensweise an, die uns etwas abverlangen. Da brauchen wir Politiker mit dem Mut, uns reinen Wein einzuschenken, uns etwas zuzumuten – und diese Zumutungen vor dem Hintergrund einer mühseligen Komplexität gut zu erklären. Uns? Alles wird noch dadurch verschärft, dass die Ungleichheiten zwischen Menschen mit hohem Lebenskomfort und solchen, die in Not und Elend leben, transparenter werden – wir schauen uns weltweit gegenseitig in die

Küche. Und viele Menschen halten das Diesseits auf diesem Planeten für das Eigentliche, das unser Leben, unser einmaliges Leben, ausmacht. Der Glaube, dass das »Eigentliche« im Jenseits erst noch bevorstehe, dass unser Leben auf Erden »nur ein Rauch und Schatten ist, der bald verschwindet und vergeht« – wie es in der Kantate BWV 94 heißt, dieser Glaube ist nicht mehr so weit verbreitet wie zu Bachs Zeiten.

Es geht also diesseits um etwas. Vieles steht und fällt damit, ob wir im öffentlichen Raum eine gelingende Verständigung hinbekommen, trotz aller Verwerfungen und Komplikationen, die Bernhard Pörksen und ich beobachtet und erörtert haben.

Bernhard Pörksen war derjenige, der die Themen gesetzt und die Fragen gestellt hat, wie er überhaupt dieses Buch initiiert hatte und seine Dramaturgie vorgeschlagen hat. Jetzt im Nachhinein lesen sich unsere Dialoge leichtgängig und folgerichtig. Und manche Gesprächspassagen haben in Hamburg nahezu wortwörtlich so stattgefunden, mussten nur in Tübingen abgetippt werden. Die meisten Wortwechsel aber haben eine enorme Bearbeitung hinter sich. Bernhard Pörksen hatte nicht weniger als 826 Seiten Transkripte gesammelt, summiert über viele Gespräche, alle paar Monate, seit 2014. Es gelang ihm, daraus die mitteilenswerte Essenz herauszuholen und in eine logische Abfolge zu bringen. Sodann musste diese Essenz noch einmal geprüft, ergänzt und korrigiert werden – denn die inneren Spätmelder sind auch nicht dumm und wollen unbedingt noch zur Wahrheit beitragen. Sie brauchen länger Zeit, um spruchreif zu werden – jedenfalls bei mir, deswegen fühle ich mich bei mündlichen Interviews oft unbehaglich. Der wichtigste Gedanke kommt mir erst hinterher, das spontan Gesagte und das Nach-Gedachte wollen erst noch zueinanderfinden.

Nach all diesen Bearbeitungen – haben wir nun etwas zustande gebracht, mit dem Sie, liebe Leserin, lieber Leser, etwas anfangen können? Zwischendurch bekam ich Zweifel, ob wir überhaupt ein wichtiges Thema behandeln. Wie wir miteinander reden, miteinander umgehen, miteinander klarkommen in Gesellschaft und Politik – ist das nicht angesichts einer planetarischen Weltkrise, die nicht langes Reden, sondern entschiedenes Handeln erfordert, ein nachrangiges Luxusthema? Ist das nicht so, als würden wir einen guten Umgangsstil in einem fahrenden Zug einüben, während der Zug auf einen Abgrund zurast? Aber Bernhard Pörksen hat darauf bestanden, dass das Thema wichtig sei und aktuell immer wichtiger werde. Und es stimmt ja: Die Richtung und die Geschwindigkeit des Zuges sind keine Gegebenheiten des Schicksals, sondern hängen, jedenfalls in einer Demokratie, von menschlichen Entscheidungen und Vereinbarungen ab, die allesamt nur das Ergebnis streitbarer Debatten und gelingender Verständigung sein können. So gesehen ist die Kunst des Miteinander-Redens kein Luxus-, sondern ein Überlebensthema. Die Entwicklung einer fruchtbaren Streitkultur, die nicht nur die harten Zahlen, Daten und Fakten der Entwicklung kontrovers erörtert, sondern auch die weichen Themen der Gerechtigkeit, der Zugehörigkeit, der Anerkennung im gesellschaftlichen Miteinander umfasst – die Entwicklung einer solchen Streitkultur können wir als eine Jahrhundertaufgabe betrachten. Sie besteht darin, eine *Harmonie höherer Ordnung* zu befördern. Im Gegensatz zur *Harmonie erster Ordnung*, bei der wir hoffen, alle »ein Herz und eine Seele« zu sein, sind bei der Harmonie höherer Ordnung Unterschiede willkommen, Unterschiede der Sichtweisen, der Werte, der Prioritäten. Wenn nur einer das Sagen hat, ist Kommunikation viel unkomplizierter, und überfällige Reformen und Transformationen sind viel leichter durchsetzbar. Aber vor dieser gewiss mitunter verlockenden Lösung gnade uns Gott, wir möchten es nicht wieder erleben. Die Alternative, das Beharren eigensinniger, eigenwilliger und mündiger Individuen auf Mitdenken und Mitsprache, ist mühselig und in der kommunikativen Verwirklichung manchmal schwer auszuhalten, jedenfalls ohne gute Moderation und Mediation. Aber genau da beginnt der Reifetest! Wenn es gelingt, nach guten Debatten eine integrale Lösung zu finden, die intelligenter und weiser ist, als was jeder Einzelne im Kopf hatte, dann hätte Demokratie sich auf schönste Weise verwirklicht. Gewiss, dieses Ideal ist eine Utopie – aber Utopien stellen den Kompass, damit die Richtung stimmt.

Noch einmal gefragt: Kann unser Buch hierzu etwas beitragen? Am Ende unserer Gespräche gewannen wir den Eindruck, dass sich Bernhard Pörksens Anfangsverdacht durchaus erhärtet hat. Gewiss hätte keiner dieses Buch allein schreiben können. Und wenn es stimmt, dass die Wahrheit zu zweit beginnt, dann sind wir ihr vielleicht ein paar Meter näher gekommen? Wir sind gespannt darauf, wie Sie, liebe Leserin, lieber Leser, dies nach der Lektüre einschätzen werden!

Ausgewählte Literaturhinweise

Arendt, Hannah (2013): Wahrheit und Politik. In: Hannah Arendt. Wahrheit und Lüge in der Politik. München: Piper. S. 44–92.

Biermann, Wolf (2018): Die Tragödie der Angela Merkel. In: The New York Times (29.07.2018). https://www.nytimes.com/2018/06/29/opinion/wolf-biermann-angela-merkel.html (abgerufen am 04.07.2019).

Binswanger, Daniel (2018): Sprechen für die Demokratie. In: Republik (20.10.2018). https://www.republik.ch/2018/10/20/sprechen-fuer-die-demokratie (abgerufen am 03.12.2018).

Cohn, Ruth (2009): Von der Psychoanalyse zur themenzentrierten Interaktion. 16., durchgesehene Auflage. Stuttgart: Klett-Cotta.

Foerster, Heinz von/Pörksen, Bernhard (1998): Wahrheit ist die Erfindung eines Lügners. Gespräche für Skeptiker. Heidelberg: Carl-Auer Systeme.

Groddeck, Norbert (2011): Carl Rogers. Wegbereiter der modernen Psychotherapie. 3. Auflage. Darmstadt: WGB.

Gross, Johannes (1965): Phänomenologie des Skandals. In: Merkur. 19. Jg. H. 205. S. 398–400.

Hassenstein, Bernhard (1979): Wie viele Körner ergeben einen Haufen? Bemerkungen zu einem uralten und zugleich aktuellen Verständigungsproblem. In: Anton Peisl/Armin Mohler (Hg.): Der Mensch und seine Sprache. Berlin: Propyläen Verlag. S. 219–242.

Lasica, Joseph Daniel (1998): The Net never forgets. In: Salon (26.11.1998). http://www.salon.com/1998/11/25/feature_253/ (abgerufen am 05.05.2017).

Leisi, Ernst (1990): Paar und Sprache. Linguistische Aspekte der Zweierbeziehung. 3., durchgesehene Auflage. Heidelberg/Wiesbaden: Quelle & Meyer.

Maturana, Humberto R./Pörksen, Bernhard (2002): Vom Sein zum Tun. Die Ursprünge der Biologie des Erkennens. Heidelberg: Carl-Auer Systeme.

Oreskes, Naomi/Conway, Erik M. (2010): Die Machiavellis der Wissenschaft. Das Netzwerk des Leugnens. Weinheim: Wiley-VCH Verlag.

Pörksen, Bernhard (2001): Die Gewissheit der Ungewissheit. Gespräche zum Konstruktivismus. Mit Heinz von Foerster, Ernst von Glasersfeld, Humberto R. Maturana, Gerhard Roth, Siegfried J. Schmidt, Helm Stierlin, Francisco J. Varela und Paul Watzlawick. Heidelberg: Carl-Auer Systeme.

Pörksen, Bernhard (Hg.) (2011): Schlüsselwerke des Konstruktivismus. Wiesbaden: VS Verlag für Sozialwissenschaften.

Pörksen, Bernhard/Detel, Hanne (2012): Der entfesselte Skandal. Köln: Herbert von Halem Verlag.

Pörksen, Bernhard/Schulz von Thun, Friedemann (2014): Kommunikation als Lebenskunst. Philosophie und Praxis des Miteinander-Redens. Heidelberg: Carl-Auer Systeme.

Pörksen, Bernhard (2018): Die große Gereiztheit. Wege aus der kollektiven Erregung. München: Carl Hanser.

Safranski, Rüdiger (2003): Wieviel Globalisierung verträgt der Mensch? München: Carl Hanser.

Seemann, Michael (2017): Digitaler Tribalismus und Fake News. In: ctrl-verlust.net (29.09.2017). http://www.ctrl-verlust.net/digitaler-tribalismus-und-fake-news/ (abgerufen am 10.10.2017).

Schulz von Thun, Friedemann (1981): Miteinander reden 1. Störungen und Klärungen. Reinbek bei Hamburg: Rowohlt.

Schulz von Thun, Friedemann (1989): Miteinander reden 2. Stile, Werte und Persönlichkeitsentwicklung. Differentielle Psychologie der Kommunikation. Reinbek bei Hamburg: Rowohlt.

Schulz von Thun, Friedemann (1998): Miteinander reden 3. Das »Innere Team« und situationsgerechte Kommunikation. Reinbek bei Hamburg: Rowohlt.

Schulz von Thun, Friedemann/Ruppel, Johannes/Stratmann, Roswitha (2003): Miteinander reden: Kommunikationspsychologie für Führungskräfte. Reinbek bei Hamburg: Rowohlt.

Schulz von Thun, Friedemann (2004): Klarkommen mit sich selbst und Anderen: Kommunikation und soziale Kompetenz. Reden, Aufsätze, Dialoge. Reinbek bei Hamburg: Rowohlt.

Schulz von Thun, Friedemann (2007): Miteinander reden 4. Fragen und Antworten. Unter Mitarbeit von Karen Zoller. Reinbek bei Hamburg: Rowohlt.

Schulz von Thun, Friedemann (2010): Verstehen – Verständnis – Einverständnis. In: Friedemann Schulz von Thun/Kumbier, Dagmar (Hg.): Impulse für Kommunikation im Alltag. Kommunikationspsychologische Miniaturen 3. Reinbek bei Hamburg: Rowohlt. S. 13–39.

Schulz von Thun, Friedemann/Zach, Kathrin/Zoller, Karen (2012): Miteinander reden von A bis Z. Lexikon der Kommunikationspsychologie. Reinbek bei Hamburg: Rowohlt.

Thompson, John B. (2000): Political Scandal. Power and Visibility in the Media Age. Cambridge: Polity Press.

Watzlawick, Paul/Beavin, Janet H./Jackson, Don D. (1969): Menschliche Kommunikation: Formen, Störungen, Paradoxien. Bern: Huber.

Watzlawick, Paul (1976): Wie wirklich ist die Wirklichkeit? Wahn, Täuschung, Verstehen. München/Zürich: Piper.

Watzlawick, Paul (Hg.) (1981): Die erfundene Wirklichkeit. Wie wissen wir, was wir zu wissen glauben? Beiträge zum Konstruktivismus. München/Zürich: Piper.

Watzlawick, Paul (1983): Anleitung zum Unglücklichsein. München: Piper.

Zundel, Edith/Zundel, Rolf (1988): Leitfiguren der Psychotherapie. Leben und Werk. 2. Auflage. München: Kösel.

Anmerkungen

Anmerkungen zum Vorwort

1 Dieses Vorwort verdankt den Gesprächen mit Tobias Heyl und Friedemann Schulz von Thun entscheidende Anregungen. Ich will darauf verweisen, dass ich im Folgenden wiederholt auf Ideen und Begriffe, Analogien und Formulierungen zurückgreife, die ich zunächst für Zeitungstexte entwickelt und nun für die Zwecke dieses Essays adaptiert und nuanciert habe; die Referenzen erfolgen fortlaufend im Text. Zum Folgenden siehe: Pörksen, Bernhard (2016): Die Schuldfrage. In: Zeit Online (11.11.2016). http://www.zeit.de/kultur/2016-11/medien-us-wahl-donald-trump-schuld (abgerufen am 07.03.2017). Hinweise auf die Position von Philip Zimbardo finden sich hier: Hasel, Verena Friederike (2008): Das Experiment vor Abu Ghraib. In: Der Tagesspiegel (24.07.2008). http://www.tagesspiegel.de/weltspiegel/psychologie-das-experiment-vor-abu-ghraib/1285722.html (abgerufen am 13.01.2015).
2 Zu diesen Analysen siehe: Lepore, Jill (2019): Does Journalism Have A Future? In: The New Yorker (28.01.2019). https://www.newyorker.com/magazine/2019/01/28/does-journalism-have-a-future (abgerufen am 23.04.2019).
3 Zitiert nach: Lepore, Jill (2019): Does Journalism Have A Future? In: The New Yorker (28.01.2019). https://www.newyorker.com/magazine/2019/01/28/does-journalism-have-a-future (abgerufen am 23.04.2019).
4 Greenslade, Roy (2014): PRs Outnumber Journalists in the US by a Ratio of 4.6 to 1. In: The Guardian (14.04.2014). https://www.theguardian.com/media/greenslade/2014/apr/14/marketingandpr-usa (abgerufen am 20.02.2017).
5 Zu diesen Zahlen siehe: Müller, Henrik (2019): Brexit und Gelbwesten. Falsche Wahrheiten. In: Spiegel Online (24.03.2019). http://www.spiegel.de/wirtschaft/service/brexit-und-gelbwesten-demokratie-braucht-eine-solide-faktenbasis-a-1259144.html (abgerufen am 08.04.2019).
6 Zu den genannten »Problemzonen« der Politikberichterstattung siehe

selbstkritisch: Bornstein, David/Rosenberg, Tina (2016): When Reportage Turns to Cynicism. In: The New York Times (14.11.2016). https://www.nytimes.com/2016/11/15/opinion/when-reportage-turns-to-cynicism.html (abgerufen am 06.08.2019).

7 Diese Zahlen, die das Innovationstempo illustrieren, entnehme ich: Yogeshwar, Ranga (2017): Nächste Ausfahrt Zukunft. Köln: Kiepenheuer & Witsch. S. 22 f.

8 Siehe hierzu: Postman, Neil (1992): Das Technopol. Die Macht der Technologien und die Entmündigung der Gesellschaft. Frankfurt am Main: S. Fischer Verlag. S. 28.

9 Siehe hierzu: Battelle, John (2003): The Database of Intentions. In: John Battelle's Searchblog (13.11.2003). http://battellemedia.com/archives/2003/11/the_database_of_intentions.php (abgerufen am 12.06.2017). Zum Folgenden siehe auch: Pörksen, Bernhard (2018): Die große Gereiztheit. Wege aus der kollektiven Erregung. München: Carl Hanser Verlag. S. 13–155.

10 Diese Überlegungen zur Kritik der Filterblasen-Idee habe ich zuerst in einem Essay entfaltet, auf den ich hier zurückgreife: Pörksen, Bernhard (2018): Die Theorie der Filterblasen ist nicht länger haltbar – Wir leiden bereits unter dem Filter-Clash. In: Neue Zürcher Zeitung (12.07.2018). https://www.nzz.ch/feuilleton/die-theorie-der-filterblasen-ist-nicht-laenger-haltbar-denn-wir-leiden-bereits-unter-dem-filter-clash-ld.1402553 (abgerufen am 06.08.2019). Die Ideen und Thesen werden in folgendem Buch noch genauer ausgeführt: Pörksen, Bernhard (2018): Die große Gereiztheit. Wege aus der kollektiven Erregung. München: Carl Hanser Verlag. S. 116–127.

11 Zu dieser Studie und ihrer Interpretation siehe: Yogeshwar, Ranga (2020): Journalismus im Zeitalter der Erregungsbewirtschaftung. In: Pörksen, Bernhard/Narr, Andreas (Hg.): Schöne digitale Welt. Analysen und Einsprüche von Richard Gutjahr, Sascha Lobo, Georg Mascolo, Miriam Meckel, Ranga Yogeshwar und Juli Zeh. Köln: Herbert von Halem Verlag. S. 161 f.

12 Siehe hierzu den fulminanten Selbsterfahrungsbericht der Journalistin Amanda Ripley, die sich auf den Weg macht, die Kommunikations- und Gesprächspsychologie zu verstehen (und die Ideologie der Konfliktverschärfung, die den real existierenden Journalismus bestimmt, aufzugeben): Ripley, Amanda (2018): Complicating the Narratives. In: Solutions Journalism Network (27.06.2018). https://thewholestory.solutionsjournalism.org/complicating-the-narratives-b91ea06ddf63 (abgerufen 15.03.2019).

13 Im Folgenden greife ich auf Formulierungen aus folgendem Essay zurück: Pörksen, Bernhard (2018): Schaut genau hin! In: Zeit Online (12.09.2018). https://www.zeit.de/2018/38/debatten-kultur-pauschalismus-bernhard-poerksen (abgerufen am 06.08.2019).
14 Seemann, Michael (2014): Das neue Spiel. Strategien für die Welt nach dem digitalen Kontrollverlust. Freiburg: orange-press. S. 185 und 194 f. Überdies: Seemann, Michael (2017): Das Regime der demokratischen Wahrheit IV – It's the Culture, Stupid. In: ctrl-verlust.net (20.03.2017). http://www.ctrl-verlust.net/breitbart-alt-right-filterbubble/ (abgerufen am 22.05.2017).
15 McLuhan, Marshall (2011): Medien verstehen – die Ausweitungen des Menschen. In: Martin Baltes/Rainer Höltschl (Hg.): absolute Marshall McLuhan. Freiburg: orange-press. S. 156.
16 Siehe etwa: o. A. (2018): Hate Speech. User nehmen mehr Hass im Internet war. In: Zeit Online (05.07.2018). https://www.zeit.de/digital/internet/2018-07/hate-speech-internet-soziale-medien-hasskommentare-studie (abgerufen am 18.07.2019). Sowie: Guynn, Jessica (2019): If you've been harassed online, you're not alone. More than half of Americans say they've experienced hate. In: USA Today (13.02.2019). https://eu.usatoday.com/story/news/2019/02/13/study-most-americans-have-been-targeted-hateful-speech-online/2846987002/ (abgerufen am 18.07.2019). Sowie: Anti-Defamation League (2019): Online Hate and Harassment: The American Experience. https://www.adl.org/onlineharassment#survey-report (abgerufen am 16.07.2019).
17 Siehe: Ipsos GmbH (2018): Europäer sehen zunehmende Spaltung der Gesellschaft. In: Presseportal (23.04.2018). https://www.presseportal.de/pm/7522/3923666 (abgerufen am 15.07.2019).
18 Zu den Spaltungstendenzen siehe überblickshaft: Fernsebner-Kokert, Bettina/Osztovics, Walter (2018): Gesellschaftlicher Zusammenhalt. Jeder will eine Insel sein. In: Zeit Online (15.01.2018). https://www.zeit.de/2018/03/gesellschaftlicher-zusammenhalt-europa-studie-wir-und-die-anderen (abgerufen am 15.07.2019).
19 Strauß, Botho (2013): Der Plurimi-Faktor. Anmerkungen zum Außenseiter. In: Der Spiegel. H. 31. S. 108 ff. (Hervorhebung im Original).
20 Han, Byung-Chul (2018): Lob der Erde. Eine Reise in den Garten. Berlin: Ullstein Buchverlage. S. 124 (Hervorhebung im Original).
21 Shachtman, Noah (2013): In Silicon Valley, meditation is no fad. It could make your career. In: Wired (18.06.2013). https://www.wired.com/2013/06/meditation-mindfulness-silicon-valley/ (abgerufen am 16.07.2019).

22 Zu diesen und den folgenden Zahlenangaben siehe: The Editors (2019): Buddhism by the Numbers. The Economics of Mindfulness. In: Tricycle: The Buddhist Review. 28. Jg. H. 4. S. 25.

23 Zu diesen Tendenzen siehe: Lukianoff, Greg/Haidt, Jonathan (2018): The Coddling of the American Mind. How Good Intentions and Bad Ideas Are Setting up a Generation for Failure. New York: Penguin.

24 Zur laufenden Debatte siehe folgende Studien: Bellet, Benjamin W./Jones, Payton J./McNally, Richard J. (2018): Trigger warning: Empirical evidence ahead. In: Journal of Behavior Therapy and Experimental Psychiatry. 61. Jg. Dez. 2018. S. 134–141. Des Weiteren: Paresky, Pamela B. (2018): Harvard Study: Trigger Warnings Might Coddle the Mind. Trigger warnings may do more harm than good. In: Psychology Today (03.08.2018). https://www.psychologytoday.com/us/blog/happiness-and-the-pursuit-leadership/201808/harvard-study-trigger-warnings-might-coddle-the (abgerufen am 18.07.2019). Sowie: Jones, Payton J./Bellet, Benjamin W./McNally, Richard J. (2019): Helping or Harming? The Effect of Trigger Warnings on Individuals with Trauma Histories. Preprint. https://osf.io/axn6z/ (abgerufen am 18.07.2019).

25 Staas, Christian (2017): Political Correctness. Vom Medienphänomen zum rechten Totschlagargument. Die sonderbare Geschichte der Political Correctness. In: Zeit Online (19.01.2017). https://www.zeit.de/2017/04/politiciel-correctness-populismus-afd-zensur/komplettansicht (abgerufen am 18.07.2019).

26 Zur Dynamik der Auseinandersetzung in den USA und Europa siehe: Weigel, Moira (2016): Political correctness: how the right invented a phantom enemy. In: The Guardian (30.11.2016). https://www.theguardian.com/us-news/2016/nov/30/political-correctness-how-the-right-invented-phantom-enemy-donald-trump (abgerufen am 16.07.2019). Sowie: Kaldewey, David (2018): Political Correctness, Identity Politics, Campus Wars: Transformation oder Erosion der normativen Struktur der Wissenschaft? In: Günter Blamberger/Axel Freimuth/Peter Strohschneider (Hg): Vom Umgang mit Fakten. Antworten aus Natur-, Sozial- und Geisteswissenschaften. Paderborn: Wilhelm Fink. S. 33–45. Sowie: Mounk, Yascha (2018): Americans Strongly Dislike PC Culture. Youth isn't a good proxy for support of political correctness, and race isn't either. In: The Atlantic (10.10.2018). https://www.theatlantic.com/ideas/archive/2018/10/large-majorities-dislike-political-correctness/572581/ (abgerufen am 18.07.2019).

27 Siehe hierzu die Auseinandersetzung rund um das angeblich frauenfeindliche Gedicht von Eugen Gomringer auf der Fassade einer Berliner

Hochschule, siehe hierzu auch Geschichte des Nobelpreisträgers Tim Hunt, der wegen eines schlechten, sexistischen Scherzes massiv angegangen wurde. Pörksen, Bernhard (2015): Der digitale Pranger. Reputationsverluste in der Empörungsdemokratie der Gegenwart. In: Forschung & Lehre. Jg. 22. H. 10. S. 808–809.

28 Ataman, Ferda (2019): Politisch korrekt – und stolz drauf. In: Spiegel Online (20.04.2019). https://www.spiegel.de/kultur/gesellschaft/plaedoyer-fuer-anstand-politisch-korrekt-na-und-kolumne-a-1263581.html (abgerufen am 25.04.2019).

29 Diese Analogie – sie handelt von der verzerrenden Darstellung des Unbekannten – verdanke ich Berbner, Bastian (2019): 180 Grad. Geschichten gegen den Hass. München: Verlag C. H. Beck. S. 38.

30 Siehe hierzu etwa folgende Analysen und Studien: Groll, Tina (2017): Nur ein Chef, ganz oben. In: Zeit Online (22.03.2017). https://www.zeit.de/karriere/2017-03/flache-hierarchien-unternehmen-mitarbeiterstudie (abgerufen am 17.07.2019). Sowie: o. A. (2018): Eine bestehende und agile Unternehmenskultur spiegelt sich maßgeblich im wirtschaftlichen Erfolg eines Unternehmens wider – so die Gallup-Studie 2018. https://manzel.de/gallup-studie-2018/ (abgerufen am 15.07.2019). Sowie: Institut für Führungskultur im digitalen Zeitalter (2019): Metastudie 2019: Führungskompetenzen im digitalen Zeitalter. https://ifidz.de/digital-leadership-beratung/#alpha-intelligence-studie (abgerufen am 15.07.2019).

31 Zu den Anforderungen an die »neue« Führungskraft siehe: Pörksen, Bernhard/Schulz von Thun, Friedemann (2014): Kommunikation als Lebenskunst. Heidelberg: Carl-Auer Verlag. S. 141 f.

32 o. A. (2018): Für Freundlichkeit und Lob ist immer Zeit. Plädoyer für Wertschätzung in der Schule [Interview mit Heidemarie Brosche]. https://www.cornelsen.de/magazin/beitraege/wertschaetzung-schule-heidemarie-brosche (abgerufen am 14.08.2019).

Anmerkungen zu Kapitel I–IV

33 Zu der Analyse von Franklin Roosevelts Medienstrategie im Vergleich zu Hillary Clintons Erfahrungen siehe umfassend Pörksen, Bernhard (2018): Die große Gereiztheit. Wege aus der kollektiven Erregung. München: Carl Hanser Verlag. S. 92 ff.

34 Diese Abbildung greift die Analysen von John B. Thompson zum Thema auf, erweitert sie jedoch um die im Gespräch entfaltete Begrifflich-

keit. Siehe: Thompson, John B. (2000): Political Scandal. Power and Visibility in the Media Age. Cambridge: Polity Press. S. 24. Sowie: Pörksen, Bernhard/Hanne Detel (2012): Der entfesselte Skandal. Köln: Herbert von Halem Verlag. S. 105.

35 Eine Abbildung des Kommunikationsquadrates findet sich auf S. 155.